经典百年海战大观

★★★★★

"斯比伯爵"号覆灭记

田树珍 ★ 编著

民主与建设出版社
·北京·

图书在版编目（CIP）数据

"斯比伯爵"号覆灭记 / 田树珍编著 . —— 北京：
民主与建设出版社，2018.7
（经典百年海战大观）
ISBN 978-7-5139-2006-3

Ⅰ. ①斯… Ⅱ. ①田… Ⅲ. ①第二次世界大战战役—
海战—史料②战列舰—史料—德国— 1939 Ⅳ. ① E195.2 ② E925.61

中国版本图书馆 CIP 数据核字（2018）第 038773 号

"斯比伯爵"号覆灭记
SIBIBOJUE HAO FUMIEJI

出 版 人	李声笑
编 著 者	田树珍
责任编辑	彭 现
封面设计	朝圣设计
出版发行	民主与建设出版社有限责任公司
电 话	（010）59417747　59419778
社 址	北京市海淀区西三环中路 10 号望海楼 E 座 7 层
邮 编	100142
印 刷	湖南汇龙印务有限公司
版 次	2018 年 7 月第 1 版
印 次	2022 年 6 月第 2 次印刷
开 本	710 毫米 × 1000 毫米　1/16
印 张	15
字 数	180 千字
书 号	ISBN 978-7-5139-2006-3
定 价	39.80 元

注：如有印、装质量问题，请与出版社联系。

大海战100年

美国杰出的军事理论家马汉于1890—1905年间提出了制海权理论，其核心是"谁能控制海洋，谁就能控制陆地，进而控制整个世界"。因此，掌握全面制海权不仅是海军的核心任务，更是国家的战略目标，人类近代海战史充分印证了马汉这一理论。

近百年来，以美国、英国、法国、德国、意大利、日本为首的军事强国都在优先发展海上力量。在第一、第二次世界大战及近代几次战争中，这些国家通过海上封锁、破坏对方海上运输线、海上决战等方式，在一定海域内获得了制海权，进而实现了控制相关陆地的战略目的。

这其中，留给我们印象最深刻的是两次世界大战，无论是作战规模、作战样式，还是战争的惨烈程度都是空前的。在这两场战争中，海战这一古老的战争类型，由于使用了新武器、新装备，发生了革命性的变化。当德国的"俾斯麦"号和"提尔皮茨"号、日本的"大和"号和"武藏"号、英国的"威尔士亲王"号等超级战列舰被奉为"海战之王"时，以美国为代表的航空母舰及其战斗群横空出世，在一场场血与火的搏杀中表现出色，为美国最终赢得太平洋战争立下汗马功劳，名正言顺地取代了战列舰成为新的"海上霸主"。同时，随着人类科学技术的不断进步，核潜艇的出现又彻底打破了固有的海战模式，其强大的战略、战术威慑力，使之成为令人生畏的深海杀手。

为了再现近百年的大海战全景，我们精心推出"经典百年海战大观"系列丛书。这套书详细地再现了近百年来海战中的经典战例、著名战舰以及一些鲜为人知的人物故事，共20册，每册讲述一个独立的海战故事，书中涉及日德兰之战、珍珠港之战、珊瑚海之战、中途岛之战、瓜达尔卡纳尔之战、莱特湾之战、马里亚纳群岛之战、围歼"俾斯麦"号战列舰之战等海战史上至今仍然被人们津津乐道的经典战役。

进入21世纪，中国人民解放军海军迅速发展壮大，有力地保卫了祖国海防，但中国海军依然任重道远。要保护我们国家的利益，需要建设强大的海军，需要我们比以往任何时候都更加关注海洋、了解海战的历史。

目　录

第一章
大西洋猎杀

★德国人大胆设想：在《华盛顿海军条约》允许的范围内，设计建造一种介于战列舰和条约型重巡洋舰之间的新型装甲战舰。

★最初参加"巡洋战"的舰艇有两艘，德国海军能拿出手的，也只有这两艘，它们分别是"斯比伯爵"号袖珍战列舰与"德意志"号袖珍战列舰。

★就在兰斯多夫苦思对策之际，突然又传来了一个更为严峻的消息：据截获英国海军部电报证实，"斯比伯爵"号袖珍战列舰已经暴露。

★恰恰英国人在水天线上发现"斯比伯爵"号袖珍战列舰冒出的黑烟时，兰斯多夫发现它正在以28节的航速径直向敌人开去。

第二章
猛虎斗群狼

★兰斯多夫不为所动，依旧催促加大马力。他知道，一旦停下来就是死亡，一定要在其余两艘敌舰到达前，不惜一切代价击沉英军"埃克塞特"号重巡洋舰。

★一枚威力巨大的 279 毫米炮弹落在离"阿基里斯"号轻巡洋舰左舷只有几米远的水面上爆炸了，弹片雨点般地扫过军舰，造成了一些伤亡，破坏了通信设施。

★甲板上出现了一个大洞，大得足以放进去一辆公共汽车。前炮塔不顾一切地继续射击着。贝尔坚决地说："告诉全舰各个部门，我们要以牙还牙，以血还血！"

★贝尔盯着正在接近的敌舰，凑近格雷厄姆耳语道："它想结束我们！只要它给我们半点机会，我们就要争取撞上去，和这个家伙同归于尽。"

第三章
外交攻防战

★经过横渡太平洋的漫长航程，"阿基里斯"号轻巡洋舰在智利的圣地亚哥首次靠岸。随后，穿过麦哲伦海峡加入了哈伍德的编队，并沿着南美漫长的海岸线执行巡逻任务。

★"阿基里斯"号轻巡洋舰的炮火又变得整齐和准确起来。它没有必要向"阿贾克斯"号轻巡洋舰通报情况，也不能再和"阿贾克斯"号轻巡注舰一起集火射击了。沃什伯恩又一次单独地干了起来。舰长帕里的双腿变得很不灵便，他只好坐在舰桥上一张铺着蓝垫子的高脚椅上指挥尔后的战斗，一个救护所的军士正在给他包扎伤口，而他却全然不在意。

★乌拉圭人登上甲板后，他们双方以正规军礼相见。赫获伯格对他们的突然进港和缺少灯光表示歉意，接着，请他们跟他去舰长室。四个德国人都拿着强光手电，瓦雷拉能够看到躺在后甲板上模糊的人影，由于打了一天仗，他们已经精疲力竭了。

第四章
漫长的对峙

★乌拉圭政府派往"斯比伯爵"号袖珍战列舰的技术小组包括两名军官，他们就是昨晚访问过这艘军舰的瓦雷拉和方坦纳。虽然他们的报告和建议对兰斯多夫极其重要，可是，舰上的许多损伤被隐瞒了起来，而这应由盖世太保和戈培尔的宣传机器负责。德国人的自大和爱面子，使事情增加了困难。舰上的许多损伤他们只让技术小组潦草地看了一下，还有很多损伤早已掩盖起来了。

★两艘军舰上的定向信号灯来回地闪烁着，炮塔在转动。所有这一切都是在悄悄地进行着，命令都是低声下达的，执行得异常迅速。两舰继续以12节的速度航行着。每个人都竭力想从暗处辨认出这艘正在接近的军舰。

★凌晨三点钟，兰斯多夫上了岸，去德国大使馆和柏林进行再一次也是最后一次通话。也就是在这时，他接受了最后的指令。当他返回军舰后，观察家们看到军舰上加紧了活动。舰上又一次举行了集会，从传出来的声音听起来极像一次政治性集会，而不像舰长在对他的舰员们讲话。今天，"斯比伯爵"号袖珍战列舰必须出航，否则就要被拘留起来。

第五章
悲壮的选择

★格尼根据自己在日内瓦的工作经历，深知集体行动的价值，他也知道如何趁热打铁。现在，当南半球各国发现自己已陷入了战争旋涡中，而又不知所措的时候，正是各国应该统一认识和积极行动的大好时机。

★这时，"斯比伯爵"号袖珍战列舰开始由内港向外港航行。米林顿·德雷克迅速地把望远镜对准了英国巡洋舰，他看到它们已改变了位置，还看到舰上飞机升空了。

★17日17点20分，"斯比伯爵"号袖珍战列舰将舰上海员的行李和供应品转移到港内德国商船上。18点整，兰斯多夫上校率领40多名船员驾驶"斯比伯爵"号袖珍战列舰拔锚起航，缓缓向港外移动，舰上两面大幅德国国旗迎风飘扬。

★"阿尔特马克"号是"斯比伯爵"号袖珍战列舰的补给舰。在普拉塔河口海战的时候，这艘补给舰就很机灵地躲了起来，它隐匿在南大西洋，等待着与母舰会合。但是，12月17日传来的消息，让人沮丧——"斯比伯爵"号袖珍战列舰被迫自沉，"阿尔特马克"号补给舰顿时成了没有母亲的孤儿。

第一章
大西洋猎杀

★德国人大胆设想：在《华盛顿海军条约》允许的范围内，设计建造一种介于战列舰和条约型重巡洋舰之间的新型装甲战舰。

★最初参加"巡洋战"的舰艇有两艘，德国海军能拿出手的，也只有这两艘，它们分别是"斯比伯爵"号袖珍战列舰与"德意志"号袖珍战列舰。

★就在兰斯多夫苦思对策之际，突然又传来了一个更为严峻的消息：据截获英国海军部电报证实，"斯比伯爵"号袖珍战列舰已经暴露。

★恰恰英国人在水天线上发现"斯比伯爵"号袖珍战列舰冒出的黑烟时，兰斯多夫发现它正在以 28 节的航速径直向敌人开去。

1. 特别的"战列舰"

1939年9月1日凌晨4点，纳粹德国向波兰发起了猛烈进攻，第二次世界大战正式打响。虽然英国、法国与波兰订有互助条约，但希特勒不相信曾抛弃捷克斯洛伐克的英法两国会对波兰在道义上履行更多的义务。

希特勒计划在英法两国还踌躇不定的时候，便突然袭击占领波兰，想给英法两国造成一个既成事实。但是，他没有估计到，这两个西方国家的领导人和人民会改变温和的态度。英国政府在9月3日上午9点，向德国发出最后警告；2小时后，张伯伦首相在广播电台向全国宣布："英王陛下政府对德国宣战。"当天下午，法国也对德宣战。同一天，在伦敦，一个具有战斗精神的人在引退24年之后重新出任海军部大臣，这个信息在整个舰队飞速传开："温斯顿·丘吉尔回来了！"

英法的态度坚决，德国人进攻也迅速。几个星期内，波兰的战事就结束了，闪电战获得成功。然而，西线的战事并没有结束。虽然英法两国的战争动员因太晚而没能帮上波兰，但它们已制定出防止德国武装力量西向突袭的计划：法国依仗马其诺防线，英国则主要利用它的海军力量——英国皇家海军的巡洋舰，迅速控制了北海和波罗的海的出口，对德国进行封锁。与此同时，英国皇家海军本土舰队在斯卡帕湾做好准备，以应付德国海军的任何突围。

希特勒其实并不真的希望同英法交战。在占领波兰之后，他抑制向西线发起任何进攻。这种克制策略后来被叫作"假战"。从1939年末到1940年初的整个冬季，德国军队和在马其诺防线的法国部队之间只有一些小规模的接触。

斯卡帕湾内的英国皇家海军本土舰队

希特勒等德军高级将领研究作战计划

相比之下，希特勒却在海上花了不少心思，这就给德国海军部带来了极大的压力。其实，在第二次世界大战爆发之初，德国海军元帅雷德尔是德国高层中最愤怒的人。

希特勒曾事先承诺，战争要到 1944 年才会爆发。到那时，德国海军将拥有 8 艘大型战列舰、8 艘袖珍战列舰、5 艘重型巡洋舰、44 艘轻型巡洋舰、2 艘航空母舰和 249 艘潜艇。雷德尔自信，凭借这支强大的海军力量，再加上日本海军和意大利海军配合，打垮英国皇家海军没有问题。

可雷德尔怎么也没有料到，战争会在 1939 年匆忙开场。当他回首望去，港口内只有那几艘稀稀疏疏的舰艇，真是欲哭无泪——德国海军实在太弱了。

但是，既然战争已经爆发，德国海军再弱，此时也别无选择，雷德尔只能硬着头皮陪英国人玩下去。关于德国海军最终的结局，雷德尔早有心理准备。在战争初期的一次海军会议上，他不无悲凉地对邓尼茨说："德国舰队除了英勇作战，并光荣地沉没之外，不可能有别的作为。"

德国的海军力量实在是少得可怜。第一次世界大战后，英美等国彻底肢解了德国的"公海舰队"，还在 1919 年 6 月 28 日签署的《凡尔赛和约》中添加了许多防范德国海军重新崛起的条款：比如规定德国海军的舰艇排水量不得超过 1 万吨和主炮的口径不得大于 279 毫米等。英美等国希望以此手段来永久性地铲除德国海军对自己可能带来的威胁。

然而，没过多久，英美等西方列强于 1922 年 2 月 6 日在美国华盛顿召开会议，会上签署的《华盛顿海军条约》（即"限制海军军备条约"）却意外地给德国海军的复活带来了一线希望。

该条约规定各国海军用来进行战斗的非航空母舰和战列舰类型的舰船，其排水量不得超过 1 万吨，或主炮口径不得超过 203 毫米。然而却允许德国海军设计建造排水量不超过 1 万吨、可以携带 279 毫米口径舰炮的军舰——这为后来德国袖珍战列舰的诞生留下了不可多得的机会。

当时，德国海军舰队的发展明显放慢，在下一场战争中，它不可能也没有实力以夺取制海权作为主要作战目标。然而，它的主要海上敌人——英国皇家海军，虽然有着庞大且实力强悍的舰队，却有漫长的海上航运线需要守卫（这些航运线给英国运来了遍布于全世界各殖民地的丰富的物产），因此，战时只要切断英国的海上交通线，就可能赢得一半的胜利。

于是，德国人大胆设想：在《华盛顿海军条约》允许的范围内，设计建造一种介于战列舰和条约型重巡洋舰之间的新型装甲战舰。只要这种军舰的航速能达到25节以上（当时最快战列舰的航速只有25节），在面对战列舰时便可加速逃逸，能在广阔的大西洋上避开英国人仅有的3艘战列巡洋舰——"胡德"号战列巡洋舰、"声望"号战列巡洋舰和"反击"号战列巡洋舰，就可以无所顾忌地破坏英国赖以生存的海上大动脉。

基于这种思想的指导，德国的工程师设计了德意志级装甲舰。

受国际条约的限制，该级舰的排水量达不到战列舰的标准，但又比一般重巡洋舰稍大，吨位介于两种舰型之间。根据《华盛顿海军条约》规定的上限，该级舰可装备279毫米口径主炮，其火力比当时的任何一艘装备203毫米主炮、只有轻装甲防护的1万吨级条约型重巡洋舰都要强得多；而且这种战舰的最高航速超过26节，这比当时所有的战列舰（最高航速25节）都要快，因此能使其避免与敌方战列舰交火，进行远洋"破坏交通线"作战。

德国海军于 1928 年 11 月订购了第一艘袖珍战列舰，即 A 号舰。该舰于 3 年后下水，被命名为"德意志"号袖珍战列舰，成为德国舰队的旗舰；B 号舰于 1933 年下水，被命名为"舍尔海军上将"号袖珍战列舰；C 号舰于 1934 年 6 月下水，被命名为"斯比伯爵"号袖珍战列舰。

根据建造前两艘舰的经验，"斯比伯爵"号袖珍战列舰在设计上做了部分修改。建造 D 号舰和 E 号舰的预算也在 1934 年通过，但准备工作进展缓慢。根据 1935 年 6 月签订的《英德海军协定》，德国海军可以合法地超过《凡尔赛和约》的限制建造更大吨位的战舰，所以 D 号和 E 号这两艘装甲舰被扩大改为战列巡洋舰来建造，

"胡德"号战列巡洋舰

完工后则命名为"格奈森诺"号战列巡洋舰和"沙恩霍斯特"号战列巡洋舰，分别于1938年和1939年服役。就这样，纳粹德国海军德意志级装甲舰只建成服役了3艘。

由于德国海军德意志级装甲舰与当时较为通用的战列舰、重巡洋舰标准不符，其舰型划分让人颇费脑筋。不过很快，美国、英国、法国等国海军就给它取了一个折中的名称——德意志级袖珍战列舰。可以这样说，如果德意志级袖珍战列舰尺寸大一点就是战列舰，小一点就是"重巡洋舰"。

实际上，德意志级袖珍战列舰是德国海军在条约限制下充分发挥技术优势，结合战术需求而精心设计建造的。

设计的首要问题就是如何尽可能地将排水量限制在1万吨内，但又满足袭击舰所要求的大航程和高速度，其解决之道就是使用柴油机作为动力源。虽然柴油机在重量上并不比蒸汽轮机更轻，但是油耗却远低于使用锅炉的蒸汽轮机。因此该级舰安装了8台总输出功率为40267千瓦的"曼"式柴油机，双轴4驱动布置，最大航速达到28节，设计载油量超过3000吨，低油耗的动力系统加上较大的燃料储备量，使其续航力高达以15节经济速度航行时的1.6万海里。

服役后证明，德意志级袖珍战列舰适航性能好，只是由于前部缺乏舷弧，所以逆浪航行时上浪严重。此外，德意志级袖珍战列舰也是世界上第一批广泛使用焊接技术建造的军舰，船体重量比之铆

"斯比伯爵"号袖珍战列舰

接的同类舰艇轻至少 15%。这也是为限制吨位而采取的重要措施。

德意志级袖珍战列舰采用了高干舷平甲板舰型，装甲防护能抵御重巡洋舰 203 毫米炮弹的攻击，内部隔舱最大限度地减轻了战斗损伤，其防护能力及火力都比条约型重巡洋舰强。

建成后，德意志级袖珍战列舰的排水量事实上超过了《华盛顿海军条约》提出的万吨级限制。"斯比伯爵"号袖珍战列舰的正常排水量为 12294 吨，满载排水量达到 16460 吨，舰长 187.98 米，舰宽 21.71 米，吃水 5.79 米，舷装甲 38 毫米至 139 毫米，甲板装甲 19 毫米至 57 毫米，炮塔装甲 127 毫米至 139 毫米。由于装甲防护强和排水量较大，因此"斯比伯爵"号袖珍战列舰服役后，就取代了 A 号舰"德意志"号袖珍战列舰成为德国海军舰队的旗舰。

德意志级袖珍战列舰的主要攻击武器为 6 门 279 毫米主炮，为 2 座 3 联装布置，前后各一个炮塔。辅助武器为 8 门单管 150 毫米副炮，在舰尾左右各安装 1 座 4 联装 533 毫米鱼雷发射管。C 号舰"斯比伯爵"号袖珍战列舰则用 6 门双联装的 SKC/33 型 105 毫米高射炮代替了前两艘安装的 88 毫米高炮，分别布置在尾部两舷及中间。该级舰最初并未装备水上侦察机，直到 1935 年才开始搭载水上飞机，即"阿拉道 Ar-196"式水上飞机。到 1938 年，德国海军为"斯比伯爵"号袖珍战列舰安装了雷达，使其成为第一艘配备原始雷达设备的德国战舰。虽然雷达探测距离仅为 8 海里，但它还是在第二次世界大战初期表现出了其价值。

德国袖珍战列舰由于只有两座主炮炮塔，很难将其火力分散到两个以上的目标，这在后来的海战中处于劣势；另外，这种战舰比当时的重巡洋舰（装备 203 毫米火炮）稍大一点，但防护并不强多少，虽有着"战列舰"的美名，却多少有些名不副实。

然而，谁也无法否认的是，德意志级袖珍战列舰确实对欧洲海军强国产生了较大影响。尽管在其他国家海军中没有同类的舰只出现，但英法等国海军却花了不少力气来研究对付这种舰的战术。

希特勒出任德国总理时，"斯比伯爵"号袖珍战列舰正在建造。希特勒曾向当时的海军总司令雷德尔允诺，在未来的建军计划中，海军将占有优先地位。这赢得了雷德尔和全体海军人员的拥护。雷德尔随即制订了一个代号为"Z"的海军建设计划，该计划的重点是在 8 ~ 10 年内建立起一支足以同英国进行海上主力决战的强大水面舰队。然而，希特勒的首要目标是征服欧洲大陆，然后再迫使英国求和，因此在实际扩军计划中，陆军和空军一直是发展的重点，海军则次之。

★希特勒忽悠雷德尔

雷德尔在德国海军中威望很高。1933 年 2 月，时任总理希特勒首次召见雷德尔，并对他说，他绝不会同英国、日本或意大利交战。海军舰队的建立只用于防卫欧洲大陆。而且，他建议同英国舰队维持 35 : 100 的实力比例。希特勒成为元首后，为拉拢雷德尔，宣布《凡尔赛和约》的限制无效。由此，雷德尔的工作更加繁忙，在 1935 年完成使 2 艘装甲舰、2 艘巡洋舰、16 艘驱逐舰和 23 艘潜艇下水的工作任务。虽然雷德尔竭力提防其他纳粹党分子插手海军，但他同希特勒之间的关系却很友好。希特勒对于雷德尔的一切建议都表示采纳，从不干预。

雷德尔曾多次劝告希特勒，不要轻易介入国际纠纷，特别应当避免同英国发生战争。他和海军总部的军官都一致认为，德国海军要想同英国海军作战，力量是不够的。但他又说，如果德国海军只是破坏英国的海上联络，兴许能获得成功。战争爆发时，德国最高统帅部给海军下达的对英国作战训令只有一句简短的话："海军应与敌商船队，主要是英国商船队做斗争。"雷德尔奉这一命令，指挥德国海军，特别是潜艇部队，开始对英作战。

 ## 2. 大西洋 "虎鲨"

德国最高统帅部在军备上所犯的战略性错误使德国海军发展和建设速度缓慢。到 1939 年，雷德尔手里只有 3 艘德意志级袖珍战列舰和 57 艘潜艇，而且，能随时开往大西洋执行任务的只有 2 艘袖珍战列舰和 23 艘潜艇。

第二次世界大战打响后，德国海军迅速行动起来。德国"U-30"号潜艇击沉了英国"阿瑟尼亚"号邮轮，但是潜艇部队司令邓尼茨、海军司令雷德尔和希特勒本人均否认这件事是德国潜艇干的。宣传部长戈培尔更是恶意地指责丘吉尔挑起整个事件，想把美国卷入战争。

"阿瑟尼亚"号邮轮的沉没结果，促使英国海军部及时地采取护航措施，派军舰对驶向哈利法克斯的商船进行护航航行。护航300海里后，与一支驶向英国的护航船队会合，然后安全地到达英国港口。

雷德尔

由于缺少适于护航的舰船，第二次世界大战早期英国都是采取这种护航方式。而德国海军的袭击活动迫使英国海军部为每一支护航舰队配备大型舰船——战列舰、巡洋舰或武装商船。

既然英国人拥有大规模的舰队，与之硬碰讨不到好处，雷德尔决定，德国海军不必与英国海军拼命，换种玩法。其实，雷德尔的游戏规则很简单，那就是，利用宽广无垠的大西洋，与英国海军打游击。

一向信奉"水面舰艇决胜论"的雷德尔为这个游击战术取了个很好听的名字——"巡洋战"。

从此，雷德尔就把潜艇部队托付给了邓尼茨，自己一心一意扑在"巡洋战"上面了。

最初，参加"巡洋战"的舰艇有两艘。德国海军能拿出手的也只有这两艘，它们分别是"斯比伯爵"号袖珍战列舰与"德意志"号袖珍战列舰。在战争爆发前一个星期，这两艘袖珍战列舰就从德国威廉港起航，秘密地驶入大西洋。从此，这两艘孤独的袖珍战列舰，仅在补给舰的支援下，开始了它们的亡命之旅。

所幸的是，由于当时战争尚未爆发，英国并未对德国海岸进行有效封锁。当战争在 1939 年 9 月 1 日爆发的时候，这两艘战列舰已经穿过了最危险、也是英国船只最密集的北海，神不知鬼不觉地驶入了大西洋。

到达大西洋后，这两艘袖珍战列舰就按照预先计划，分头行动。"德意志"号袖珍战列舰在通过丹麦海峡后，转身向北，隐藏在北极圈内的格陵兰岛附近。而"斯比伯爵"号袖珍战列舰则掉头往南，朝南极方向行驶。

不得不说，雷德尔很有头脑，战术上采取"避开皇家海军，把袭击舰和潜艇派到大西洋，截杀盟国的护航运输队，以切断英国的海上生命线，达到使其弹尽粮绝、不战自降的目的"。既然德国出海口被英国人锁住，潜艇虽能暗渡北海，大型水面舰只却被堵在自家门前，行动处处受阻，那么在战前就将"德意志"号袖珍战列舰、"斯比伯爵"号袖珍战列舰派到了大西洋上，就是预先埋下了两颗钉子。

战争一开局，德国海军就屡屡得手，"U-29"号潜艇击沉英国

"U-29"号潜艇及其艇员

"勇敢"号航空母舰; "U-47"号潜艇又成功地干掉了"皇家橡树"号战列舰; 大西洋上, "德意志"号袖珍战列舰东游西窜, 扰得皇家海军心神不定。"德意志"号袖珍战列舰在吸引了大量盟军兵力的同时, 还悄悄截杀了3艘商船。"斯比伯爵"号袖珍战列舰的表现也不俗。其舰长兰斯多夫是个相当有性格的人, 击沉商船后还救了大量的俘虏, 甚至跟那些俘虏交上了朋友——雷德尔没少批评他, 认为此举会消耗大量的食物。兰斯多夫依然我行我素, 并不理会雷德尔的指责。

兰斯多夫是位经验丰富的老将, 对德国也是忠心可鉴。在1939年9月1日, "斯比伯爵"号袖珍战列舰尚在非洲佛得角西北大约700海里的水域。黎明时, 柏林拍来一份急电: 德国部队已越过前线, 向波兰进军。像所有德国舰长一样, 兰斯多夫怀着跃跃欲试的心情, 等待着事态的发展。根据预先的安排, 他下令驶向一个代号叫"奥斯陆峡湾"的海域, 去和补给舰"阿尔特马克"号会合。

一小时后, 瞭望员报告发现目标。兰斯多夫匆匆返回舰桥, 举起双筒望远镜对准左舷方向。南方水天相衔处, 果然露出了行船的前桅和主桅。一会儿, 船身映入眼帘。他认出来了, 来船就是"阿尔特马克"号补给舰。

信号灯忽闪忽灭, 发出了询问信号。"阿尔特马克"号补给舰也用灯光作答。当两船相距大约1000米时, "阿尔特马克"号补给

波兰境内的德国士兵

舰绕了一个大圈，顺着"斯比伯爵"号袖珍战列舰的航向，从舰尾缓缓进入，用来福枪将一根粗麻绳射到了"斯比伯爵"号袖珍战列舰的甲板上，几个水兵抓住它猛往上拖，把152毫米粗细的软管拽过舰来。软管成弧形弯曲，另一端悬挂在油船的横衔上。连接完毕，机电部门长发出了输油信号，"阿尔特马克"号补给舰油泵大开，数千吨乌黑的柴油通过软管源源不断地流进了"斯比伯爵"号袖珍战列舰干渴的油舱。

加完油，"斯比伯爵"号袖珍战列舰和"阿尔特马克"号补给舰分道扬镳，独向南行。几天后，兰斯多夫又收到柏林发来的电报：希特勒拒绝从波兰撤兵，英国、法国已对德宣战。这就是说，从这一天起，他的战舰已成了一艘海上袭击舰，其任务是进行"破交战"，攻杀敌国的商船。南大西洋在南极圈附近，是一片"荒漠"，船只很稀少。

"斯比伯爵"号袖珍战列舰从出海那一刻开始，就进行了极其细致的伪装——它悬挂英国国旗，并用帆布罩上炮管。就算偶尔碰上过路船只，远远望去，也会被误认为英国商船，而不被人们所注意。最初，"斯比伯爵"号袖珍战列舰舰长兰斯多夫并不急于取得战果。他先把军舰隐藏在靠近南极圈附近的海面，等待出击时机。

这个经验丰富的战将明白，在这片船只最稀少的海域，只要不进行袭击，不会遇到任何危险。直到9月下旬，兰斯多夫才决定把军舰驶向巴西附近海域，进行猎捕活动。

9月30日，"斯比伯爵"号袖珍战列舰驶抵巴西伯南布哥邻近的水域。海空清澈，和风吹拂，兰斯多夫几乎可以看到地球弯拱的曲线。

侦察机停在烟囱后面的弹射器上，飞行员穿着皮夹克，匆匆忙忙爬进座舱。几分钟后，飞机被弹出弹射器，嗡嗡飞向西边的天空。几团乌云吹来，遮住了朝阳的余晖。兰斯多夫连喝了两杯黑咖啡。他将小半截雪茄捏成纸团，又无聊地用手指敲打着舰桥的挡风玻璃，消磨着时光。

一小时后，侦察机飞回。飞机拉下高度，晃了晃机翼，然后平稳地滑向舷侧。吊车将飞机吊上了尾甲板，飞行员大步跑向舰桥，来向他报告侦察情况。

"长官，正西方向50海里有一艘南行货船，航速15节，周围没有其他船只。"

"很好。"兰斯多夫几步冲进了驾驶室，在海图桌上绘出了拦截航线，下令战舰全速行进。

"斯比伯爵"号袖珍战列舰急驶了两小时，便顺利抓到目标。兰斯多夫下令各就各位，准备战斗，同时让信号兵通知敌船：关闭主机，不许发报！违者开炮！

"斯比伯爵"号袖珍战列舰低速逼近，双方相距1000米时，兰斯多夫派出了接舷小组。吊艇柱吊下了一艘大汽艇，汽艇很快靠了上去。接舷军官报告：敌船为一艘多用途货船，排水量5000吨，船名"克莱门特"号。兰斯多夫下令搜查海图室和船长室，企图找到密码本和其他官方文件。但是，他失算了，船长已经将它们扔进了大海。

"克莱门特"号轮船的救生艇载着船员驶向巴西海岸。"斯比伯爵"号袖珍战列舰进入到平射距离，朝货船连射了两枚鱼雷。两雷引信失灵，没有爆炸。兰斯多夫下令炮击，货船燃油四溢，很快就沉入了大海。

机敏的兰斯多夫在取得战果后，迅速撤离战场。他知道，从他取得战果那一刻开始，也是暴露"斯比伯爵"号袖珍战列舰所在位置的开始。他的信条是：保命第一，战绩第二。就算撤离途中遇上再多英国商船，他也不会攻击。因为，一旦他发动攻击，英国皇家海军就会探测出"斯比伯爵"号袖珍战列舰的航行路线，并加以追踪。

兰斯多夫所采取的战术是：迅速驶入英国商船最密集的航道，在取得战果后，又立刻撤出，从一个战场转移到另一个战场——广袤的海洋提供了良好的隐蔽空间。俗话说："留得青山在，不怕没柴烧。"只要"斯比伯爵"号袖珍战列舰存在一天，那么，它对英国航运始终是一个威胁。

此后3个月，"斯比伯爵"号袖珍战列舰竟频频得手。10月5日，它击沉了"牛顿"号货船；两天后，又一鼓作气，俘获了"阿什利"号货船。10月10日，它拦截了"猎人"号货船，接着乘势

"斯比伯爵"号舰员目睹英国商船沉没

南下，于10月22日收拾了"特里文尼恩"号货船。

"斯比伯爵"号袖珍战列舰频频得手，随即又迅速撤离，消失得无影无踪。由于这种声东击西、灵活机动的战术，英国皇家海军根本无法探测出它的航向。英国皇家海军舰队为了保护航运，也只能被动地在大西洋海域疲于奔命。

这种无目的地搜索，简直就跟大海捞针一般徒劳。

但是，兰斯多夫在随后的行动中，却犯了一个致命的错误——

在他驶向南大西洋途中，居然忍不住袭击了一艘英国货轮。这样，他不但暴露了行踪，还使那些原本打算驶入印度洋的英国舰队迅速折回，继续搜索大西洋海域。兰斯多夫要想重回大西洋，"斯比伯爵"号袖珍战列舰只能往北或西行驶，才能进入大西洋航道。

更致命的是，丘吉尔已经抽调了以3艘航空母舰为骨干、28艘大型军舰组成的9个搜索群，在大西洋海域进行拉网式搜索。如此庞大的舰队，目标只有一个——摧毁"斯比伯爵"号袖珍战列舰。为了铲除这个大西洋幽灵，就算是高射炮打蚊子，丘吉尔也在所不惜。

1939年11月15日10点半，在葡属东非海岸附近，"非洲贝"号油轮又遭到了毒手。"非洲贝"号油轮的船长达夫得知对方是"斯比伯爵"号袖珍战列舰，也只能自认倒霉。

★ "斯比伯爵"号袖珍战列舰名字的来历

格拉夫·冯·斯比伯爵是德国海军中赫赫有名的英雄。1861年6月22日，斯比伯爵出生在丹麦哥本哈根。17岁时加入德国海军，1908年被任命为北海舰队参谋长，海军少将。1912年转任包括"沙恩霍斯特"号装甲巡洋舰、"格奈森诺"号装甲巡洋舰和"埃姆登"号轻型巡洋舰、"莱比锡"号轻型巡洋舰、"纽伦堡"号轻型巡洋舰的德国海军"东亚巡洋舰队"司令，基地设在中国胶东半岛的青岛。

　　第一次世界大战爆发时，斯比伯爵转战南美，主要任务是攻击英国商船和运兵船。他在这方面取得了巨大的成功。马尔维纳斯群岛海战中，斯比伯爵舰队在位于群岛西南100海里的海面上遭到重创。斯比伯爵本人和他的两个儿子在战斗中身亡。1934年，希特勒政府将一艘袖珍战列舰命名为"斯比伯爵"号以示纪念。还有一点值得一提，就是德国海军指挥官同旗舰共沉的做法，正是从斯比伯爵战死后开始成为传统。

格拉夫·冯·斯比伯爵

3. 兰斯多夫"失策"

据"非洲贝"号油轮的船长达夫回忆，他与"斯比伯爵"号袖珍战列舰舰长兰斯多夫还有过一场"愉悦"的交往。

当达夫被带进"斯比伯爵"号袖珍战列舰船长室的时候，船长室里的家具是钢制的，但设计有翻新。兰斯多夫是个瘦高的人，40岁上下。他正背对着客人，在俯身看一张很大的南大西洋海图，那张海图不仅很大，而且很有意思。图上划成许多个表示约30海里的方格，所有方格内都标着经纬度和日期。图上醒目地画着"斯比伯爵"号袖珍战列舰自汉堡出航以来所走的航线和现在的位置。图上还工整地标出它的每一次袭击行动，注上被击沉的船只名字。

见客人到来，兰斯多夫直起身子转过脸来。相貌刚毅，眼睛机警，下巴留着一撮像海盗那样的、颇为讲究的小胡子，看起来轻捷、健康、优越而自负。来到这位舰上最高权威者的跟前，达夫所有的愤懑顿时涌上了心头。他怒视着兰斯多夫。兰斯多夫的眼神里却闪现出一种得意的光芒，首先开口说："你好，达夫船长。"

"你好，兰斯多夫舰长。"达夫寸步不让地咆哮着。他俩停下来互相打量了好几秒钟。然后，兰斯多夫打破了沉默，露出微笑，迅速地向前走了几步，伸出手来表示友好。达夫不得不同他握了握手。兰斯多夫接着用地道的英语说："船长，你好吗？你就你的船被抓获提出抗议的事情，派到你船上去的军官已向我做了报告。你说你当时是在3海里领海里面。如果是这样的话，那我的处境就太尴尬了。"

达夫感到对方在向他极力表示友好，但他依然毫不让步："你有什么尴尬的？！先生，处境尴尬的倒是我。我失去了我的船和所有的东西。我认为当时在3海里领海以内是绝对没有疑问的。如果我的海图还在的话，我可以……"

"这就是你的海图，船长，"兰斯多夫从桌子上拿起一张海图展开说，"请把你的航线指给我看。"

达夫大吃一惊，但还是用他那粗壮而布满老茧的手把海图铺平："好吧。看这儿！你看到那条线了吧？那就是我的航线，不是清清楚楚的吗？"兰斯多夫认真而有礼貌地看着达夫的海图，微笑着说："我们的看法还不太一致哩。你想用这些线条来证明你是对的，我是错的，而我……"他停住了话笑了起来。达夫直盯盯地看着他。兰斯多夫接着说："让我们和解好吗？你把你的抗议写下来，我签字，那样处理行了吧？"

达夫心想现在充其量也只能达到这一步，考虑到战后用这个文件可以索取赔偿，也就同意这么办，说："那太好了，先生。"

兰斯多夫愉快地说："那么，我们一起来喝点什么吧！给你来点苏格兰威士忌怎样？"他走到房间的另一边。达夫笑着接过他的话说："是从'克莱门特'号汽船上弄来的吧？"

兰斯多夫在倒威士忌时狡黠地瞟了他一眼，说："对，是从'克莱门特'号汽船上弄来的。"他回味着达夫的话，感到话中有话，于是在他将杯子递给达夫时，补充说："请相信我，船长。我并不喜欢把船只打发到海底去，没有一个水手愿意这样做，我是不愿意把炮口对着老百姓的。——好啦，瞧我！我指挥着一艘新式军舰，漂亮的、最好的战列舰之一，速度很快……"

"可是，你绝不可能预卜自己的命运，先生，"达夫冷冷地说，"很可能出现你不曾预料过的情况，意外地碰到我们的军舰。"

兰斯多夫又从盒子里拿出一支雪茄烟点着，接上他嘴里吸剩了的烟蒂，接着说："你们只有3艘军舰——'反击'号战列巡洋舰、'声望'号战列巡洋舰和'胡德'号战列巡洋舰的大炮才能够比得上我。我还有一个有利条件，船长，那就是你们很难找到我。"

达夫很奇怪："你们的补给船怎么会找到你的呢？"

"它也找不着我，"兰斯多夫笑笑，起身走到那张大海图桌边说，"这是世界上最简单不过的事情了。细节虽然是机密的，但办法却是古老的。我们把海区划成许多方格，而我准确地知道在规定的日期里，到哪一个方格里去找我的补给船。"

达夫不得不佩服兰斯多夫的机警。二人很友好地喝了一会儿酒，分开时兰斯多夫还送了达夫一件很时髦的外套。两个名副其实

抽着雪茄的兰斯多夫

"斯比伯爵"号袖珍战列舰的瞭望塔

的敌对者，却出人意外地成了朋友。

几天后，"斯比伯爵"号袖珍战列舰果然与"阿尔特马克"号补给船成功相遇。

仿佛是为了显示自己的英明一样，兰斯多夫特意请达夫做了个见证。他特意把达夫带到甲板上，快活地说："是圣诞老人来了。他带来了新鲜的猪肉、碧绿的蔬菜、水果和燃料。你想见见老朋友吗？"他甚至从脖子上取下望远镜交给达夫。

达夫接过望远镜，发现远方船的中部有一个已经用油漆涂掉的船名，但是对于眼睛特别敏锐的人来说，船名刚好可以看清。达夫调整着望远镜，边看边念道："阿尔特马克。这是一艘臭名昭著的监狱船！"

兰斯多夫接过望远镜，看了看"阿尔特马克"号补给船的船名，陡然皱起了眉头，不满地说："伪装得不太好。"接着，他指了指下面的甲板。那儿有些人正在往一块大约 4.5 米长、0.3 米宽的金属牌上漆字。他们漆的是船名"德意志"。舰长喊了一声，那个负责写船名的军官下令让士兵们把金属牌翻过来。金属牌的另一面写着"舍尔海军上将"。兰斯多夫得意地解释道："那是我们的两个化名，用来给中立国看的。我们有时挂这一面，有时则挂另一面，甚至有时我们干脆亮出自己的真名字。中立国往往凭直观报告他们所看到的一切——从而使你们的海军捉摸不准……"

达夫不得不佩服，当他们在甲板上漫步时，兰斯多夫继续闲谈："那边的分队正在装一个新烟囱……一个假烟囱——用粗帆布做的……那些人正在装配一个额外的炮塔——用木头做的。我们正在改变自己的轮廓。这是我们的拿手好戏。"

一个油漆师傅正在监督另一些油漆工调和各种颜料。兰斯多夫说："这是化装部门……它可起着很重要的作用呢！那位是我们的化装专家。"

达夫有点不满了，直率地说："你们以为伪装就可以脱逃了吗？"

"反正人家得花很长时间才能把我们识别出来，"兰斯多夫回答说，"我们的军舰以 30 节的航速只要 5 分钟就能进入或撤出大炮射程。船长，在现代海战中，有两件事情至关重大。一件是良好的岸上情报，这样，你就知道在预期的地方将出现什么目标；另一件是在自己的舰上组织良好的观察，这样，你就能知道在预期的地方看到的目标是什么。"

达夫无言以对。

在补充了大量的物资后，兰斯多夫还将原本关押在"阿尔特马克"号补给船上的俘虏也转移到了"斯比伯爵"号袖珍战列舰上。

达夫很奇怪，忍不住询问这位"朋友"。兰斯多夫居然很爽朗地告知："我们在海上已经 3 个月了！准备回去了。我返航的时候，必须带着我俘虏的所有高级船员，这在道义上是有利的。"

有趣的是，当晚在"斯比伯爵"号袖珍战列舰上的俘虏舱里，"牛顿"号轮船、"猎人"号轮船、"特里文尼恩"号轮船等船上被俘获的船员、舰长们济济一堂。达夫跟兰斯多夫的"亲密关系"，让大家觉得很诧异。他们七嘴八舌地问："兰斯多夫是个什么样的人？"达夫坚定地说："他很有教养，值得尊敬。"

叽叽喳喳的争吵过后，这些人终于疲倦地睡着了。

兰斯多夫打算返回大西洋，途中无意遇到了排水量 10093 吨的"多里克明星"号货船。"多里克明星"号货船满载着冻肉，准备驶向英国。

小船载着几名俘虏离开"阿尔特马克"号补给舰

"多里克明星"号货船出现在兰斯多夫视线里的时候，毫无疑问，他心动了。他没有料到，一艘万吨级巨轮，会在这么偏远的航道出现。看着士兵们那期待的眼神，他毫不犹豫就下达了进攻命令。"斯比伯爵"号袖珍战列舰那高达 26 节的航速，不到一刻钟，就堵住并击沉了"多里克明星"号货轮。

就在官兵们庆祝袭击得手、举杯欢庆之际，兰斯多夫又立刻感到后悔了。他发现，"斯比伯爵"号袖珍战列舰现在所处位置是多么不利，像他这样的"海上游击队"，选择一条好的逃跑路线，要比取得战果更为重要。长期以来，兰斯多夫也正是这样做的，如此小心翼翼，才使得"斯比伯爵"号袖珍战列舰在历经 3 个月的战斗中毫发无损。可是，这一次，由于一时头脑发热，他居然犯下了如此低级的错误。

现在，"斯比伯爵"号袖珍战列舰处于很尴尬的位置。往南，是南极洲腹地，在这个季节里，就是破冰船也不敢贸然进入；掉头重回印度洋，也不行，那些从印度、香港起航的英国舰队，按时间推算，此刻已经绕过好望角，朝他背后杀来。

那么，"斯比伯爵"号袖珍战列舰只剩下两条路可以选择了：沿着非洲西海岸往北面行驶；或者往西，进入南美洲航道。

就在兰斯多夫为这个难题彻夜难寐、苦思对策之际，突然又传来了一个更为严峻的消息：据截获英国海军部电报证实，"斯比伯爵"号袖珍战列舰已经暴露，该电报详细描述了"多里克明星"号货船遇袭的时间以及具体沉没地点，并要求南大西洋各舰队"紧密配合"，一定要把"斯比伯爵"号袖珍战列舰揪出来。

英国海军部收到"多里克明星"号货船的报丧电时，英国皇家海军在南大西洋的兵力相当分散："皇家方舟"号航空母舰和"声望"号战列巡洋舰在弗里敦；"竞技神"号航空母舰和两艘法国巡洋舰在达喀尔；"萨斯塞克斯"号巡洋舰和"什罗普希雷"号巡洋舰在好望角：此外，还有一支南美巡洋舰分舰队，正驻守在阿根廷附近的马尔维纳斯群岛。

南美巡洋舰分舰队辖有"阿贾克斯"号轻巡洋舰、"阿基里斯"号轻巡洋舰和"埃克塞特"号重巡洋舰、"坎伯兰"号重巡洋舰，司令是亨利·哈伍德。由于"坎伯兰"号重巡洋舰在一次风暴中受

英国皇家海军的"竞技神"号航空母舰

损，需要修理，所以，当接到拦截德国军舰的命令时，哈伍德只有3艘战舰能跟"斯比伯爵"号袖珍战列舰较量。

12月3日，活动空间越发狭小的兰斯多夫决定：战舰取西南航向，驶向南美洲的普拉塔河口。那里贸易兴隆，商船云集，是块大肥肉。更重要的是，假如情况进一步恶化，大不了穿过麦哲伦海峡，到太平洋去避避风头。平心而论，兰斯多夫这个充满想象力的行动确实高明。但是，他毕竟太低估英国皇家海军的实力了。

事实上，在普拉塔河口外，3艘英国巡洋舰正静静等待着"斯比伯爵"号袖珍战列舰的到来——哈伍德接到的命令是保护普拉塔河口的英国航运。

就在大西洋的各舰队在广袤大洋上疲于奔命之际，哈伍德并未参与围捕。他只是命令他的小舰队静靠在普拉塔河口外，守株待兔，静候"斯比伯爵"号袖珍战列舰的到来。他深信"斯比伯爵"号袖珍战列舰一定会来，因为在这一带，它可以掠取极其丰富的捕获品。

★哈伍德的计划

早在10月上旬，哈伍德就已经周密地制订了发生遭遇战时将要采取的战术。他所指挥的舰队包括两艘203毫米口径的"坎伯兰"号及"埃克塞特"号重巡洋舰，两艘153毫米口径的"阿贾克斯"号及"阿基里斯"号轻巡洋舰。

但是，由于燃料和修整方面的需要，这4艘军舰似乎不大可能在"预期的那一天"同时应战。假如情况果然如此，那就很难有把握了。所幸的是，"多里克明星"号货船在12月2日被击沉的消息，使得他有充足的时间去调整部署。"斯比伯爵"号袖珍战列舰还在800海里外，哈伍德断定，它一定会向普拉塔河驶来。按照"斯比伯爵"号袖珍战列舰航速计算，它的到达时间应该为12月13日。他命令：所有可以作战的战舰，须在12月12日以前，在普拉塔河口集结。这是一个非常英明的决定。

 ## 4. 普拉塔"陷阱"

12月12日上午9点钟，由"阿贾克斯"号轻巡洋舰、"埃克塞特"号重巡洋舰和"阿基里斯"号轻巡洋舰组成的哈伍德分舰队，在普拉塔河口离埃斯特角大约100海里，即南纬35°的地方编队航行。

"阿贾克斯"号轻巡洋舰上挂着准将司令旗，哈伍德下令让3舰舰长迅速到旗舰上来开会。

20分钟后，"阿贾克斯"号轻巡洋舰舰长伍德豪斯、"埃克塞特"号重巡洋舰舰长胡迪·贝尔、"阿基里斯"号轻巡洋舰舰长帕里均赶到了。

电风扇在天花板上旋转着，军舰的主机停止了运转，舰上异常安静。帕里和贝尔小心翼翼地掏出了香烟，点上了火。伍德豪斯同样小心谨慎地谢绝了他们递过来的香烟。

哈伍德露出一丝不自然的笑容说："根据海军部得到的确切情报，德国袭击舰——可能是'舍尔海军上将'号袖珍战列舰，也可能是'斯比伯爵'号袖珍战列舰或'德意志'号袖珍战列舰——它在伯南布哥附近击沉了'克莱门特'号货船……然后，它立即转移至大西洋中部，'牛顿'号货船、'阿什利'号货船、'猎人'号货船都先后成了它的牺牲品。接着，它又迅速转移到西非沿岸，在那儿它击沉了'特里文尼恩'号货船。在此之后，它再一次转移到新的狩猎场，绕过好望角，进入印度洋。其目的可能是想袭击好望角—印度—澳大利亚航线上的商船。不过，它只在莫桑比克海峡击沉了一条小油船'非洲贝'号……在这儿！接着，它可能又匆忙赶回大西洋，因为前几天它在这儿……击沉了'多里克明星'号货船！它发觉'多里克明星'号货船在沉没以前曾设法发出了无线电信号。显然，袭击舰担心自己的行踪被暴露，于是不得不尽快离开这个海区……现在，按我的看法，它下一步可能采取的行动不外乎下面3种情况：第一，重新进入印度洋；第二，按出航的路线，穿过丹麦海峡，偷偷地返回德国；第三，在返航以前，经过这儿，找一些从南美开出来的粮食和肉类货船做它的最后一批牺牲品。这儿虽然是我们的势力范围，但也是它一直想来光顾的地方。"

他讲完之后，会场上沉静了一会儿，几位舰长都神态严肃地各自沉思着。

哈伍德坐了下来，改用一种商量紧急问题的口气说："根据袭击舰可能采用的航速，我估计，如果它去巴西里约热内卢的话，那么，它就会在今天——12月12日早晨到达那里；如果它来这儿——普拉塔河口，那么，我认为24小时之后，它就将到达这里。"

"我的目的是摧毁敌人。不管它是白天来，还是晚上到，我们都准备立刻向它发起攻击。它的火炮口径比我们的大，射程比我们的远。因此，我们一旦发现这头'野兽'，就必须以最大的速度从两侧包抄过去，从两边向它发起攻击，以分散它的火力。'阿贾克斯'号轻巡洋舰和'阿基里斯'号轻巡洋舰编为一组，成密集队形进行攻击；'埃克塞特'号重巡洋舰则单独实施攻击。"

帕里和贝尔默然地接受了任务，哈伍德继续说下去："我很希望'坎伯兰'号重巡洋舰也能参加战斗。这样，我们就多了一艘装有203毫米炮的巡洋舰了。可惜，它还在马尔维纳斯群岛修整，两个星期以内还归不了队。告诉你们的舰员，这几天要特别提高警惕。今天白天和天黑以后，我们要操练对付德国袖珍战列舰的战术！"

12月13日清晨4点50分，3艘军舰以战斗状态编队航行，这是在雷达发明以前，由于无法预计日出时会遭遇什么情况而通常采用的戒备措施。编队以东北航向，14节的巡航速度行驶着，全部锅

"阿贾克斯"号轻巡洋舰

炉都并联运行，一旦天亮后发现敌人即可全速投入战斗。

星星正逐渐隐没，但天色依然昏暗。旗舰的舰桥上只能朦朦胧胧地看到建筑物的暗影，只有海图桌的篷布罩中透出一点微弱的亮光。黎明前的海面，凉气刺骨。哈伍德嘴里叼着烟斗，来回踱步，神色坚毅、自信。"阿贾克斯"号轻巡洋舰舰长伍德豪斯朝舰后望去，后续舰尽管还是模模糊糊的，但总还可以看到。在队列里居中的是"阿基里斯"号轻巡洋舰，最后面的是"埃克塞特"号重巡洋舰。

东方的天空已呈现出一线曙光，在"阿贾克斯"号轻巡洋舰上，耸立在舰尾弹射器上的那架"海狐"式小飞机在天色的映衬下已经轮廓分明了。观测员迪克·卡尼已经坐在飞机里自己的位置上，飞行员德鲁凯·卢因敏捷地钻进了座舱。机械员转动着螺旋桨。转动到第3次时，发动机启动了。

"阿贾克斯"号轻巡洋舰的舰桥上，哈伍德和伍德豪斯并肩站着，向东眺望。每个人的手上都拿着一张南大西洋的海图。他们对情况得出的结论也基本一致。他们都相信敌人迟早会出现在这片汪洋上的某个地方。

此刻，水天线已清晰可辨，深蓝色的海洋和明亮的天空，色调分明。"阿基里斯"号轻巡洋舰上，每个人都百倍警惕地坚守在各自的岗位上。他们都知道，司令确信德国的袖珍战列舰会在今早出现。巡洋舰上的所有望远镜都动用了，夜用望远镜不停地搜索着辽

"海狐"式小飞机

阔的海面。帕里说:"告诉枪炮官,让他注意搜索水天线。"

枪炮控制塔在舰桥后面,高出舰桥之上,除了桅顶瞭望台以外,它是舰上的最高点。控制塔外面包着薄装甲,里面大约能容纳12个人。它能绕轴作360°旋转。枪炮官坐在塔里最高的一张椅子上,面对着通往舰桥和下面水密隔舱的话管,并从装甲钢板的狭长缝隙里向外观察。这是舰上最好的观察部位,然而也是最暴露的部位之一。枪炮控制塔开始在轴上平稳地转动,5架望远镜和潜望镜全都在紧张地观察着。

晨雾很快消散了,海面上没有任何异样,贝尔在他的日记上写道："今天是南大西洋上又一个明媚的日子。阳光和煦，万里无云，微风轻拂，海面波平如镜。大气像水晶般透明，人们好像能够看到地球远处逐渐在弯曲。"

早上6点14分，一名英国瞭望员发现距他10海里的天水线上升起了缕缕青烟。随即，海平线上出现了一艘舰船的模糊轮廓。

哈伍德得报，即令"埃克塞特"号重巡洋舰前去查看，通过高倍望远镜仔细观察，发现这艘来路不明的船只，悬挂法国三色旗，正朝普拉塔河口疾驶而来。

此刻，兰斯多夫指挥着"斯比伯爵"号袖珍战列舰驶抵巴西沿海普拉塔河以北不远的地方。他的这一行动确实没有超出哈伍德的意料。兰斯多夫决定在岸边安全距离以外南北巡航，以便发现有相当价值的"猎物"再下手。他知道，这里有许多大有油水的商船队在护航队的护送下开出来。在对方发觉和报告以前，可望给他们以致命一击，这样，他因这次西行的冒险就会得到充分的补偿！然后，他就可以逃之夭夭，返回浩渺无际的南大西洋，再从容不迫地回国。

凌晨5点，兰斯多夫在雷达上发现西南方有几艘舰船。于是，改变航向径直向它们驶去。不久，他看到四根细长的桅杆，很快就识别出那是"埃克塞特"号重巡洋舰。

过了一会，"斯比伯爵"号袖珍战列舰的瞭望员报告说：发现两艘上层建筑不高的船只。他们误认为是驱逐舰。兰斯多夫认为机

"埃克塞特" 号重巡洋舰

会到了，而且相信"埃克塞特"号重巡洋舰和这两艘驱逐舰肯定是在为大有油水的商船队护航。于是，他下令全速向他们接近。

几分钟之后，他发觉错了。

英国人在水天线上发现"斯比伯爵"号袖珍战列舰冒出的黑烟时，恰恰兰斯多夫发现自己正在以28节的航速径直向敌人开去。

兰斯多夫顿时感到大为震惊，以至一时竟拿不定主意。

本来，他想下令避开战斗，把舰开回本国。可是，既然他已看清了那三艘小军舰，那么，对方现在肯定也把他识别出来了。

当然，如果他断然掉转航向逃跑，那么，在装备上比他差得多的对手未必敢追着同他较量。由于"斯比伯爵"号袖珍战列舰装备上的优势，此艇虽为袖珍战列舰，但火力强大，航速稳定。丘吉尔后来还在回忆录中充满疑惑地写道：兰斯多夫应该采取的正确行动是立刻掉头逃逸，在尽可能长的时间内，使他的敌手处在他那279毫米口径大炮的射程和威力的优势之下，因为在这种情况下，英国舰只无法发炮还击。而德国军舰可以凭借射程优势，毫无阻碍地进行炮击，这就可以使自己一方面加快速度，另一方面迫使对方减低速度，从而扩大双方的距离。但是，对手是会向上报告的，而他的位置也就暴露了。在这种情况下，附近会不会有敌人的狩猎编队就很难说了。

当"斯比伯爵"号袖珍战列舰以每秒钟15.2米的速度向敌舰逼近的时候，种种想法闪电般地掠过兰斯多夫的脑际。他意识到战斗是不可避免的。他唯一的机会是把那 3 艘小军舰干掉，然后重新隐没于浩瀚的大西洋里。骰子已经投下，他的"时运"确实已经来了。于是，他转过航向，下令迅速冲向右舷落单的"埃克塞特"号重巡洋舰。

兰斯多夫的计划是：乘着英国其他两艘军舰尚在后方，迅速将"埃克塞特"号重巡洋舰击沉！

再说，英国人虽然已经知道"斯比伯爵"号袖珍战列舰有可能出没，但哈伍德根本没想到现在看到的就会是德国军舰。那天早晨，他们活动的地方正是商船来往频繁的海区，尤其是出现在西北方向上的情况，更没有多少理由可以认为这就是敌舰。不过，哈伍德还是说："告诉'埃克塞特'号重巡洋舰前去查看一下。"信号军士长发出了信号。

"埃克塞特"号重巡洋舰也挂出了旗号，表示它已经看到了烟柱。按照哈伍德的命令，它对着烟柱驶去。烟柱越来越清楚了，舰长突然觉得不对劲儿，一惊之下连吸了几口冷气："对方气势汹汹朝我们开来，好像是艘袖珍战列舰！"

果然，信号军士长和两名瞭望员一齐大声报告："发现敌舰。"伍德豪斯立即下令："发出战斗警报！"

警报召唤全体舰员立即进入战斗状态。哈伍德收到信号，兴奋得满脸通红："航海官！把航向对准敌舰！航速增为 28 节。"接着又说，"以南美巡洋舰分舰队司令官的名义向海军部报告：'我们即将

"斯比伯爵"号袖珍战列舰的 279 毫米主炮

和敌袖珍战列舰交战'……并把我们的基准位置报给他们！"这时，信号军士长用望远镜看着"阿基里斯"号轻巡洋舰报告说："长官，您的增速信号回应了。"

"执行！"哈伍德说，眼睛仍旧通过望远镜盯着那艘袖珍战列舰。

没错！"埃克塞特"号重巡洋舰升起了战旗！哈伍德环顾四周，看到"埃克塞特"号重巡洋舰正以25节的航速，按照预案向敌舰发起攻击。时机对哈伍德的战术有利，只要"埃克塞特"号重巡洋舰拖住敌人，其他两艘军舰便能迅速赶上来！

此刻是当地时间早上6点18分，"斯比伯爵"号袖珍战列舰全舷火炮一齐发射，橘红色的强烈闪光之后，喷发出3团巨大的黑烟，令人心惊胆寒。

"埃克塞特"号重巡洋舰吃了狠狠一击。与此同时，在旗舰"阿贾克斯"号轻巡洋舰上，从事调度的哈伍德则指挥"阿基里斯"号轻巡洋舰，以最快的速度，紧压着"斯比伯爵"号袖珍战列舰的左舷，朝它的侧翼杀来。

★ "埃克塞特"号重巡洋舰

"埃克塞特"号重巡洋舰属于约克级重巡洋舰只，是英国皇家海军最后一级重巡洋舰（英国皇家海军对轻重巡洋舰的区分是看搭载的火炮口径，而非排水量）。该级舰是英国皇家海军第一次世界大战后第一次对建造非条约级重巡洋舰的尝试，最有名的就是"约克"号重巡洋舰和"埃克塞特"号重巡洋舰。两舰体结构略有不同，"埃克塞特"号重巡洋舰防护能力更强。

其数据如下：舰长167.6米，宽17.7米，吃水5.2米；标准排水量8400吨，满载11300吨；3座双203毫米主炮，4座102毫米高平炮，2座4联40毫米高炮，2座3联533鱼雷；32节航速，续航力6200海里/15节，舰员850人。

第二章
猛虎斗群狼

★兰斯多夫不为所动，依旧催促加大马力。他知道，一旦停下来就是死亡，一定要在其余两艘敌舰到达前，不惜一切代价击沉英军"埃克塞特"号重巡洋舰。

★一枚威力巨大的279毫米炮弹落在离"阿基里斯"号轻巡洋舰左舷只有几米远的水面上爆炸了，弹片雨点般地扫过军舰，造成了一些伤亡，破坏了通信设施。

★甲板上出现了一个大洞，大得足以放进去一辆公共汽车。前炮塔不顾一切地继续射击着。贝尔坚决地说："告诉全舰各个部门，我们要以牙还牙，以血还血！"

★贝尔盯着正在接近的敌舰，凑近格雷厄姆耳语道："它想结束我们！只要它给我们半点机会，我们就要争取撞上去，和这个家伙同归于尽。"

1. 遭伏击以一敌三

兰斯多夫最初看见英国小舰队时，根据桅杆与舰艇吃水深度误判，以为只需要对付一艘"埃克塞特"号重巡洋舰，另外两艘不过是小小的驱逐舰。但是，片刻以后，他发现了他的敌手的实际情况，就知道一场生死决斗已经降临。

为了更方便指挥作战，这位年过半百、但身手依旧矫捷的舰长亲自爬上主桅塔顶指挥作战。他传令：以高爆弹射击，以期达到最大面积的杀伤效果。

视线优良的兰斯多夫两眼紧盯着"埃克塞特"号重巡洋舰。"斯比伯爵"号袖珍战列舰舰桥上，官兵纷纷用棉球堵塞耳朵，以避免舰炮巨大的轰鸣声震坏耳膜。少顷，传话筒传来了枪炮指挥官的喊声："锁定目标，重巡洋舰，距离2万米，第1次，开火！"

顿时，炮声轰隆，如鸣惊雷，"斯比伯爵"号袖珍战列舰被巨炮发射产生的硝烟所弥盖。

兰斯多夫目不转睛地盯着"埃克塞特"号重巡洋舰，观察着弹点，只见英国军舰前方水柱升腾，两次齐射炮弹都未击中。

英国"埃克塞特"号重巡洋舰由于主炮的射程太近，此刻只有挨打的份儿。为了让船尾炮塔也能加入作战，在"斯比伯爵"号袖

"斯比伯爵"号袖珍战列舰前甲板上的一门副炮和一门双联装高射炮

珍战列舰不断接近的情况下，"埃克塞特"号重巡洋舰舰长贝尔下令："稍转航向，以横向姿态与敌舰对峙。"

转舵完毕后，"斯比伯爵"号袖珍战列舰已驶近至17000米左右，已进入英国军舰的有效射程。贝尔舰长为达到最大效果，下令"埃克塞特"号重巡洋舰各轻重武器齐射。

伴随着震耳欲聋的轰鸣声，第一次齐射的炮弹便击中"斯比伯爵"号袖珍战列舰首楼。"埃克塞特"号重巡洋舰那203毫米口径炮所产生的巨大的爆破力，差点把兰斯多夫上校从主桅塔顶震下来。

　　几乎在"斯比伯爵"号袖珍战列舰中弹的同时，它的主炮的第3次齐射也击中了"埃克塞特"号重巡洋舰。

　　高爆弹在"埃克塞特"号重巡洋舰四周凌空爆炸，杀伤效果巨大，爆炸所产生的弹片更是横扫"埃克塞特"号重巡洋舰右舷，击毙了右舷鱼雷管的所有操作人员，损坏了两架水上侦察机，并造成了舰上的通话线路瘫痪。另一颗炮弹更是横扫舰桥，炸飞了副炮塔，使得舰桥人员死伤惨重。除了舰长贝尔以及两名普通水兵，其余舰桥人员全部阵亡。

　　幸运的是，贝尔站在人群中间，爆炸所产生的弹片都被身边的人挡住了，虽然脸部受伤，但伤势不大，仍能指挥战斗。随即，他要求幸存的两个人迅速撤离舰桥，自己则前往舰后的第二指挥台继

"斯比伯爵"号袖珍战列舰发射的279毫米高爆弹在"埃克塞特"号重巡洋舰四周凌空爆炸

续指挥作战——由于传话筒被毁，贝尔命令下属利用人员接力传话的方式，指挥舰艇航向，并继续以舰艇后部的炮塔，还击"斯比伯爵"号袖珍战列舰。

此刻，"斯比伯爵"号袖珍战列舰上，为了避免被后方越来越逼近的两艘英国军舰所追上，并决心在敌舰到达以前，击沉或者重创"埃克塞特"号重巡洋舰，使其丧失战斗力，兰斯多夫要求须开足马力，不间断地围绕着同样高速驶来的"埃克塞特"号重巡洋舰做轴心旋转。

但是，由于"斯比伯爵"号袖珍战列舰 3 个月以来长时间使用，效率降低，并且长时间于海上巡航，致使船底以及螺旋桨附着海中生物，使其最大时速只能达到 24 节，无法继续攀升航速。

在兰斯多夫不断催促之下，驾驶人员开足马力。在马达的轰鸣声中，由于烟囱过窄，柴油主机所排出的阵阵浓烟使舰船几乎都找不到出路了，船体像要爆炸一般，如此玩命地攀升航速，使得"斯比伯爵"号袖珍战列舰的船桅都在震动！

兰斯多夫不为所动，依旧催促加大马力。他知道，一旦停下来就是死亡，一定要在其余两艘敌舰到达前，不惜一切代价击沉英军"埃克塞特"号重巡洋舰。

此刻，在"斯比伯爵"号袖珍战列舰 279 毫米口径炮不间断轰击下，"埃克塞特"号重巡洋舰已是千疮百孔，船首更是被打成了筛子，整体的船身因受进水影响，向右倾斜 10°，船首下倾 1 米，

"埃克塞特"号重巡洋舰前主炮塔遭到重创，主炮失去战斗力

并直接导致主炮失去平衡而无法继续射击。

为了避免造成火灾，那些勇敢的英国水兵甚至跑到裸露的甲板上，使用五花八门的物件把受损的侦察机推进大海。

贝尔依旧不肯放弃。他明白，假如"埃克塞特"号重巡洋舰此时退出战斗。两艘仅有153毫米口径炮、装备薄弱的友舰将暴露在"斯比伯爵"号袖珍战列舰279毫米口径炮的威胁之下，其结果不堪设想。他现在所能做的就是吸引"斯比伯爵"号袖珍战列舰的火力，不使其转移进攻目标。

贝尔下定决心，哪怕全体阵亡，也绝不退出战斗！

随着时间的推移，"斯比伯爵"号袖珍战列舰此时活动的范围越来越小，但是"埃克塞特"号重巡洋舰并未丧失战斗力，更未丧失斗志，反而越挫越勇。

此刻，哈伍德率领的两艘轻型巡洋舰也转向左舷，不断拉近距离，他们通过无线电取得联络。随着航速不断加快，翻滚着的尾浪也越来越高。海风呼啸着刮过甲板，可锅炉舱里鼓风机的轰鸣声更响。

眼看对方的盟军杀到前方，兰斯多夫知道今天是很难逃脱了。他沉着指挥，以一敌三。

几秒钟后，"斯比伯爵"号袖珍战列舰再次齐射的炮弹落水了。匆匆赶来的"阿贾克斯"号轻巡洋舰附近升起了巨大的水柱，"埃克塞特"号重巡洋舰也被击中。

"斯比伯爵"号袖珍战列舰用前面的两座炮塔向"埃克塞特"号重巡洋舰射击，而用后炮塔向哈伍德的旗舰"阿贾克斯"号轻巡洋舰开火。正用望远镜观察"埃克塞特"号重巡洋舰的哈伍德说："我们正好分散了它的火力！不过，它的射击技术倒是十分精确。"他把望远镜又重新对着"斯比伯爵"号袖珍战列舰，并评论道："它立刻就要进入我们的射程了。真不明白，'斯比伯爵'号袖珍战列舰的舰长在干什么，既然你的射程比我们远，为什么还要靠近呢？"

在射击指挥塔里，枪炮官下令道："全舰火炮准备！"哈伍德弯下了腰注视着火炮准备信号灯箱。像通常一样，陆战队操纵的炮塔最先准备完毕，于是通过电话向舰桥报告："我们马上就要开火了，长官。"

"到底盼到了这一天！"哈伍德高声说道。

发射铃叮零零地响了起来，153毫米火炮打响了。整个舰桥猛烈地抖动起来，橘红色的火焰照亮了人们的脸庞，"轰隆"一声，犹如一扇巨大的钢门猛地关上一样。炮烟瞬间弥漫了整个舰桥。此后，每15秒钟齐射一次，一直持续了一个半小时。

第一次齐射的炮弹落水之前，另一次齐射又开始进行。舰桥上所有人的眼睛都没有离开过望远镜。一个海军候补生向舰长伍德豪斯报告说："飞机已做好起飞准备了，长官。"

哈伍德看着四周飞溅的水花，心里也很紧张："'埃克塞特'号重巡洋舰已击中了'斯比伯爵'号袖珍战列舰……就要进行效力射了。我们也要击中它！准备弹射飞机！"

飞机弹射器平台位于舰尾，此刻处于十分不利的位置。飞机引擎已经发动，飞行员卢因和观测员卡尼坐在机舱里各自的座位上。不多时，传来一阵开火铃声。接着，火炮轰鸣，整个军舰一阵震动，棕红色硝烟弥漫全舰。伍德豪斯操纵着军舰尽可能地迫近"斯比伯爵"号袖珍战列舰，并使全部炮火都能发挥威力。这样一来，后炮塔的射角就十分靠近飞机弹射器平台，不但耀眼的红色闪光使人睁不开眼，而且还能感觉到火炮发射时产生的灼热。

情况明摆着，一旦他们的飞机升空，弄不好会被自己的火炮打

"斯比伯爵"号袖珍战列舰上的水上飞机

个粉碎。可是，卢因顾不得这些。在隆隆的发动机声中，他轻快地挥了挥手，对弹射器军官大声喊道："我们要在齐射的间隙中起飞！做好准备！"

卡尼把身子朝前弯了弯，拍拍卢因的肩膀说："一旦下一次齐射的炮弹从机尾飞过，我们就加速离开这个该死的火网！"

这是一次惊险的起飞，炮声隆隆，硝烟弥漫，发动机轰鸣着，海风呼呼地刮过甲板和旗绳。卢因发出起飞信号，弹射器一道闪光，一声巨响，把他们弹向空中！卢因的飞机剧烈地倾斜着。他们

"斯比伯爵" 号袖珍战列舰主炮射击瞬间

也顾不得调整，因为几秒钟后炮塔又要发射了。

飞机几乎是侧着滑出弹射器的，离舰以后开始爬高，朝"斯比伯爵"号袖珍战列舰径直飞去。顿时，整个战场就横亘在他们下面。

四艘军舰都在最大射程上作战，虽然"埃克塞特"号重巡洋舰弹痕累累，但这时它已经安全。战斗到这一阶段，赶到战场的"阿贾克斯"号轻巡洋舰和"阿基里斯"号轻巡洋舰是各自为战的。拉响战斗警报以后，两舰各自以全部火炮在最大射程上急速地、准确地向"斯比伯爵"号袖珍战列舰射击。"斯比伯爵"号袖珍战列舰也以准确的炮火进行反击。"斯比伯爵"号袖珍战列舰上的高射炮对着军舰上空飞得很低的水上飞机开火。使卢因感到不安的是，德国袖珍战列舰上有两架战斗机，其中的一架已经做好弹射起飞的准备。

卢因连一支自卫用的手枪都没有，要是敌机携带空中机枪的话，他很可能只有一个结局——掉到海里。他眼看那架战斗机顺着弹射器往后退，马上就要飞起来对付他了。正在这危急关头，一艘轻巡洋舰的153毫米炮成功地击中"斯比伯爵"号袖珍战列舰，而且恰恰命中了它的弹射器平台，击毁了那架战斗机。

卢因马上向旗舰报告了这次成功的射击，也不由得深深地舒了一口气。由于飞机处在高射炮火力范围内，卢因决定飞得高一些。他环视四周，寻找掩护，发现大约3000米的高度上有一片薄云。于是，他在云下6米飞行，以便随时可以钻到云层里面去。

卢因从他的有利位置上，可以看到"斯比伯爵"号袖珍战列舰被哈伍德的战术弄得惶惑不安。三艘体积较小的巡洋舰打得非常准确，迫使兰斯多夫不得不分散火力。

显然，兰斯多夫意识到了自己的被动处境，因为卢因看到"斯比伯爵"号袖珍战列舰改变了航向，所有炮塔都转到同一方向，企图集中主要火力对付"埃克塞特"号重巡洋舰。卢因立即将这个情况向旗舰做了报告。

在"阿贾克斯"号轻巡洋舰的舰桥上，瞭望员刚好报告道："敌舰转向，好像对着我们驶来了，长官。"哈伍德不由得高兴地大声说道："来得正好！"可是刚刚说完这句话之后，伍德豪斯从飞机发来的报告中得知，"埃克塞特"号重巡洋舰现在成了"斯比伯爵"号袖珍战列舰的主要攻击目标，哈伍德马上明白了对方的意思："他一定想先灭了'埃克塞特'号重巡洋舰，再来对付我们，转向，把全部炮火都对着'斯比伯爵'号袖珍战列舰。这样才能使它从'埃克塞特'号重巡洋舰上转移开一些火力。"伍德豪斯大声吼道："航海官，转向。"

哈伍德和伍德豪斯用望远镜焦虑地朝"埃克塞特"号重巡洋舰望去。信号军士长报告道："'阿基里斯'号轻巡洋舰已随我们转向了，长官。"

战斗打响之后约十分钟，"阿贾克斯"号轻巡洋舰和"阿基里斯"号轻巡洋舰才实现了哈伍德在前一天作战命令中所规定的方案：

统一指挥，集火射击。所谓"统一指挥，集火射击"就是两艘或两艘以上的军舰编队对同一目标作战时，由旗舰的枪炮指挥所向僚舰发出所有射击指令，包括距离、方向偏差和发射信号等。

僚舰按照旗舰的通报进行射击，并根据"在队形中的位置"修正与旗舰间的距离和方向误差，这种高度集中统一的射击指挥方法，可以提高编队射击效果。

所有熟练的枪炮官都愿意独立指挥本舰的火炮，自然不愿意实行集火射击（除了旗舰的枪炮官以外），但是，集火射击能够提高命中率和消除各舰自行射击时在观测弹着点方面所产生的混乱现象。至少在理论上，所有军舰射出的炮弹，都应该同时落水而且集中在同一个水区里。

★丘吉尔回忆"斯比伯爵"号

丘吉尔在回忆录中写道："斯比伯爵"号比较大胆而富于想象力，因此它不久便成为南大西洋中的注意中心。10月中旬，盟国的强大海军，就在这个广阔海域，展开了活动……我们各搜索舰队，便在所有各个区域内，四处搜索……由于敌人的力量和我们被迫采取的对付手段很不相称，确实使我们烦恼，一定要把它找出来消灭掉。

2. 团结才有战斗力

这时，海面上炮声震天，战斗进行得十分激烈。

两艘轻巡洋舰全力以赴地反复攻击，以分散"斯比伯爵"号袖珍战列舰对付"埃克塞特"号重巡洋舰的火力。一个瞭望员报告说："'埃克塞特'号重巡洋舰前部中弹，长官，它冒出了大量浓烟。"哈伍德不安地自语着："如果'斯比伯爵'号袖珍战列舰机智地集中火力对付我们中的任何一舰的话，即使有着很厚的装甲也不能幸免。"

突然，话管里传来了枪炮官的声音："观察飞机报告，敌舰又分出一座炮塔来对付我们了，长官。"哈伍德听后稍稍感到宽慰："好，分散它的炮火，咱们挨几下也不要紧。"半分钟后，"斯比伯爵"号袖珍战列舰的炮弹呼啸而至，落在"阿贾克斯"号轻巡洋舰的附近。一直在用望远镜观察"埃克塞特"号重巡洋舰的伍德豪斯突然喊道："好啊！'埃克塞特'号重巡洋舰的两座炮塔居然恢复射击了。贝尔真是好样的！"

这时，从右舷的瞭望员中传出了一阵欢呼声，其中一个报告说："长官，敌舰转向，离开'埃克塞特'号重巡洋舰了。"

哈伍德笑道："这可是个好兆头。"

　　"斯比伯爵"号袖珍战列舰又射来一排炮弹，伍德豪斯报告：
"现在，它对'阿基里斯'号轻巡洋舰用的是 150 毫米炮，长官。"
哈伍德哭笑不得地说："可是它却用 279 毫米主炮对付我们。我们
向右转两三分钟，然后再向左转回来，这样就可以搞乱对方的火
炮射击。"

　　但是，尽管他们做了最大的努力，"斯比伯爵"号袖珍战列
舰仍毫不留情地对"埃克塞特"号重巡洋舰猛轰，把它作为主要
的打击目标。瞭望员报告说："'埃克塞特'号重巡洋舰被直接命
中……'埃克塞特'号重巡洋舰向右转向了……'埃克塞特'号
重巡洋舰又被命中……又被命中……长官，现在它只剩下一座炮
塔还在射击了！"

　　大约 6 点 40 分，"埃克塞特"号重巡洋舰转向，准备发射鱼雷。
可是，就在转向的时候，它又被敌舰击中。由于它的舰尾对着旗
舰，所以它虽与旗舰相距 9 海里，人们仍能看到它已向右倾斜了。

　　这是战斗最危急的时刻，一枚威力巨大的 279 毫米炮弹落在离
"阿基里斯"号轻巡洋舰左舷只有几米远的水面上爆炸了，弹片雨
点般地扫过军舰，造成了一些伤亡，破坏了通信设施。通往枪炮指
挥塔的无线电也中断了。当然，集火射击也就进行不下去了。

　　与此同时，"斯比伯爵"号袖珍战列舰成了一个非常难以对付
的目标，因为它几乎是以舰首尾线对着两艘 153 毫米炮巡洋舰的，
而且不时稍稍变换着航向，使英国人的炮火在相当一段时间里起不

了多少作用。

　　"斯比伯爵"号袖珍战列舰实际上并没有遭到多大的损伤，这极大地挫伤了英军的士气。而"埃克塞特"号重巡洋舰好像失去了控制，正在撤出战斗。它已经产生了倾斜，如果再中一弹，很可能就会报销了。

　　哈伍德明白，当前正是孤注一掷的时候了，机不可失，时不再来！战斗的成败就决定于往后的短短几分钟里。尽管他的两艘轻巡

从"阿贾克斯"号轻巡洋舰上拍摄到的"阿基里斯"号轻巡洋舰

洋舰和"斯比伯爵"号袖珍战列舰相比，力量实在是太悬殊了，可是现在他顾不得这些了。他认为英国皇家海军有一个条件是别国海军不能比拟的，那就是数百年的传统和纪律培育出来的进攻精神。哈伍德大声道："逼近它！伍德豪斯！我们要和它决一死战，要吸引它的火力，用雪球痛击这头野兽！"

伍德豪斯回答道："是，长官。航海官！把航向对准敌舰！"

"阿贾克斯"号轻巡洋舰像一艘驱逐舰那样灵活地向"斯比伯爵"号袖珍战列舰奔去。哈伍德走到舰桥左侧，注视着侧面驶过来的"阿基里斯"号轻巡洋舰。他命令道："向左转，对准敌舰后。通知'阿基里斯'号轻巡洋舰，增速到30节，两边夹攻。"

在他的指挥下，两艘巡洋舰就像驱逐舰那样向袖珍战列舰猛扑过去。两舰的前部炮塔以最大射速向敌舰猛烈射击着，后炮塔因舷角太小暂停射击。

几分钟后，距离缩短到13000米。可是，他们的火力并没有使"斯比伯爵"号袖珍战列舰减弱对"埃克塞特"号重巡洋舰的攻击。眼看它就要收拾掉"埃克塞特"号重巡洋舰了。一排排的炮弹射向那艘203毫米炮的重巡洋舰。现在"埃克塞特"号重巡洋舰上所有火炮都沉默了，好几个地方腾起烈火。看来，它已失去了控制。烟囱里冒着黑烟，浓烟烈火几乎使人分不清甲板和上层建筑。

7点06分，哈伍德命令两艘轻巡洋舰向右转向，以便发扬全部火力。可是，距离还是太远，只好向左转回，再次冲向敌舰。两舰前部炮塔一直以猛烈的炮火向敌舰射击。距离在很快地缩短。哈伍德面向敌舰站着，伍德豪斯始终站在他的身旁，注视着指示器报告着："132……107……92.5……82.6……"

现在，他们实际上已接近到直射距离，炮火开始对敌舰发生了作用。有一些炮弹命中了"斯比伯爵"号袖珍战列舰的上层建筑，迫使它进行规避机动，并停止进攻"埃克塞特"号重巡洋舰。这时，"斯比伯爵"号袖珍战列舰又用150毫米和279毫米炮对着这两艘轻巡洋舰射击。伍德豪斯命令道："进行曲折航行。"于是两舰

"斯比伯爵"号袖珍战列舰的上层建筑

以曲折航行继续向"斯比伯爵"号袖珍战列舰逼近。

这似乎把"斯比伯爵"号袖珍战列舰弄糊涂了，火力变得有点儿混乱。哈伍德再次下令向右转向，用全部火炮进行射击。在这种极近的距离上，他们的射击简直是弹无虚发。炮弹一发接一发地在"斯比伯爵"号袖珍战列舰上爆炸。本来，153 毫米炮弹是不可能重创有重装甲的战列舰的，但这些炮弹却对"斯比伯爵"号袖珍战列舰的上层建筑和甲板造成了巨大的破坏，而且至少有两门 150 毫米火炮被击毁了。

哈伍德高声喊道："打死这头野兽！……打死它！……打死它！……"接着，橘红色的火光一闪，冒出一团浓烟，又一发炮弹命中了"斯比伯爵"号袖珍战列舰上的 150 毫米炮塔。哈伍德拿出帽子向舰桥旁边一甩，兴奋地喊道："现在你可尝到厉害了吧！"

"斯比伯爵"号袖珍战列舰被两艘轻巡洋舰缠得十分头疼。兰斯多夫一气之下放开了"埃克塞特"号重巡洋舰，把主要火力转向两艘轻巡洋舰。这时，"阿贾克斯"号轻巡洋舰和"阿基里斯"号轻巡洋舰稍稍拉大了一点距离，继续曲折航行和用全部火炮射击着。

"您认为它还会战斗下去吗，长官？"伍德豪斯问道，眼睛里闪烁着光芒。

"看来它还想打下去。"哈伍德说。

"鱼雷已经做好射击准备，长官。"副舰长急切地报告说。

"好，准备发射！"舰长回答道。

"是，长官！需要向右转 40°。"

伍德豪斯下令转向："瞄准敌舰中部……沉着点……发射！"

稍停了一下，话管里传来枪炮官的声音："舰长先生。飞机报告，鱼雷临近！是对着我们来的！"

显然，"斯比伯爵"号袖珍战列舰是和"阿贾克斯"号轻巡洋舰差不多同时发射了鱼雷。哈伍德是个鱼雷专家，大声叫："向左规避。"

双方发射的鱼雷都没有命中目标。

7 点 25 分，当距离为 4.5 海里时，"阿贾克斯"号轻巡洋舰被一枚 279 毫米炮弹直接命中，使 X 炮塔退出了战斗，同时 Y 炮塔也被击伤。这是一发古怪的炮弹，它在爆炸之前穿透了军舰，造成了很大的损失。在这样近的距离上，这种抵近射击的炮弹穿透装甲如同穿透薄纸那样容易。这激怒了哈伍德，当枪炮官报告说两座炮塔都不能战斗时，他对着话管朝枪炮官吼道："喂，还有两门炮呢！"

那位海军候补生来到伍德豪斯身边报告说："舰长先生，X 炮塔的扬弹机起火了。"

伍德豪斯沉着地说："噢，快下去，看看能否恢复控制。"

Y 炮塔损坏是由于炮弹穿透了装甲底座造成的。铁工们已经在这儿进行抢修了。在 X 炮塔里，人们光着膀子汗流浃背地顽强工作着。他们全都是英国海军陆战队队员。他们被困在里面，进不去也

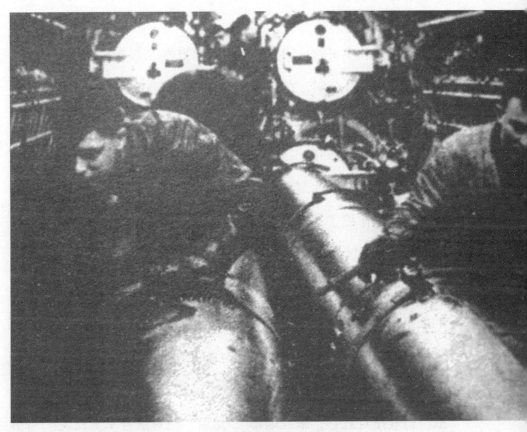

鱼雷发射手进行发射前准备

出不来；扬弹机上的烟火在熊熊地燃烧。一名陆战队中尉命令打开扬弹机的喷水系统，可是开关失灵了。就在这时，简直像奇迹从天而降，一股湍急的水柱，从上面喷泻而下。原来是一名陆战队员设法从上甲板伸进来一根消防软管。

这时，前炮塔仍在继续射击。伍德豪斯问道："有没有伤亡？"

传令兵回答说："我想是有的。那颗炮弹正好穿过军官舱和副官舱，它又穿到下甲板，打坏了Ｘ炮塔的供弹室。它又折向上面，在司令的住舱里爆炸了。"

海军候补生又跑了回来，向哈伍德报告："报告！那枚279毫米炮弹穿过您的办公室，在您的卧室里爆炸了。"

哈伍德问："有伤亡吗？"

"它把您所有的高尔夫球棒的脑袋全打没了。"

哈伍德大笑，此刻"埃克塞特"号重巡洋舰发来了信号：所有火炮都不能作战了，但仍可以航行。请允许退出战场，驶去马尔维纳斯群岛基地。哈伍德沉默了一会儿，同意了。

7点40分，燃烧中的"埃克塞特"号重巡洋舰向南离去，海上的战事依然胶着。由于这两艘英国轻巡洋舰的速度比"斯比伯爵"号袖珍战列舰快，哈伍德在舰桥上来回地踱了一会儿步，对伍德豪斯说："我们该扩大距离了，结束战斗吧。天黑以后我们再同它交战。将舰尾对着它，施放烟幕。"然后，他对信号军士长说："告诉'阿基里斯'号轻巡洋舰：撤出战斗。"

就在这时，舰的后部发出了一声巨大的轰隆声。一发炮弹打掉了主桅上部。这是战斗的这一阶段德国人发射的最后几发炮弹之一。伍德豪斯不介意地说："那就是说无线电天线完蛋了，告诉他们立即装上一个新的。"哈伍德用望远镜观察着"斯比伯爵"号袖珍战列舰，说："不管怎样，它没有向我们追来，我们可要从后面紧紧地盯着它。"

由于拥有水上侦察机的缘故，英国人并不怕"斯比伯爵"号袖珍战列舰能逃到哪里去。

普拉塔河口海战，打了整整 82 分钟（6 点 18 分，"斯比伯爵"号袖珍战列舰首炮开局；7 点 40 分，"埃克塞特"号重巡洋舰退出战斗）。从战术上说，双方基本打成平手，英国军舰 1 艘重伤，2 艘轻伤，并由于弹药吃紧，哈伍德被迫退出战斗。德国"斯比伯爵"号袖珍战列舰射控失灵，并且燃油不多，兰斯多夫也指挥该舰脱离战斗。

★英国海军部记录战斗经过

哈伍德驻在"阿贾克斯"号轻巡洋舰上，调度他的舰只，使各舰从彼此相隔很远的方向来炮轰德国袖珍战列舰，使其炮火顾此失彼。哈伍德的战术，被证明是有利的。"埃克塞特"号重巡洋舰舰上所有的 203 毫米大炮一齐发射，在战斗刚一开始就击中了"斯比伯爵"号袖珍战列舰。同时两艘轻巡洋舰亦进行了猛烈而有效的炮击。不久"埃克塞特"号重巡洋舰被一枚炮弹击中，除将 B 号炮塔击毁外，还将所有的舰桥交通毁坏，而所有在舰桥上的人员几乎非死即伤，同时该舰也暂时失去了控制。但这时，两艘 153 毫米口径大炮的轻巡洋舰攻势猛烈，敌舰不能再予忽视，因此"斯比伯爵"号袖珍战列舰便把其主要炮火移向它们，这样就使"埃克塞特"号重巡洋舰在危急之中得到了喘息的机会。这艘德国战舰处在三面夹攻之中，感到英国战舰的攻势过于猛烈，不久以后，便放出一道烟

"斯比伯爵"号袖珍战列舰高大的舰桥上贴的英文横幅意思是：停止发报求救，不然我就开火

幕，转身离开，显然是企图驶向普拉塔河。

"斯比伯爵"号袖珍战列舰掉头驶去以后，又重新炮轰已被击伤的"埃克塞特"号重巡洋舰。该舰所有的前炮都被毁坏，腹部发生猛烈的燃烧，舰身严重倾斜。贝尔已无能为力了。到了7点40分，"埃克塞特"号重巡洋舰就转身驶去修理，不再参加作战了。

"阿贾克斯"号轻巡洋舰和"阿基里斯"号轻巡洋舰，这时已经开始追击敌舰，它们以极度奋发的精神，继续作战。"斯比伯爵"号袖珍战列舰用舰上所有的重炮向它们轰击。7点25分，"阿贾克斯"号轻巡洋舰两座后炮塔被击毁，"阿基里斯"号轻巡洋舰亦遭到损伤。这两艘轻巡洋舰的炮火威力，不能同敌舰相匹敌，而哈伍德发觉他的炮弹逐渐短少，决定终止战斗，以待夜晚。于是便在一阵烟幕的掩护下，转身驶去，而敌人亦未追赶。

 ## 3. 贝尔"以身饲虎"

"斯比伯爵"号袖珍战列舰舰长兰斯多夫并非不想追赶英国军舰，实在是有苦衷。据舰上水兵的回忆，这场海上遭遇战打得实在是窝火：

……

起初，我们以为对方只有一艘重巡洋舰，其余两艘是小型的驱逐舰，没想到一开战，赶来的两艘是轻巡洋舰。在三艘巡洋舰的围攻之下，"斯比伯爵"号袖珍战列舰优势尽失，并开始被每隔15秒至20秒一波的16枚153毫米炮弹所轰击。英国军舰虽然火炮口径不大，但射速极快，打红眼的"埃克塞特"号重巡洋舰也用尾炮进行不间断地射击。

在如此密集的齐射之下，"斯比伯爵"号袖珍战列舰不断中弹。首先，右舷的防空炮以及船上的淡水制造机被击毁，一枚英国穿甲弹更是贯穿指挥塔下方的主装甲带，再贯穿船身内部的弹片防护隔离壁爆炸——只差1米就会贯入轮机舱！而后，船身又被高爆炮弹击中，并燃起小火，但随即被水兵扑灭。

战斗进行到55分钟时，大胆的"阿贾克斯"号轻巡洋舰已接近我们1万米的距离，进入鱼雷射程。它先后向我们发射了4枚鱼雷，礼尚往来，我们也回敬了4枚鱼雷，可惜都未命中。而后，"阿贾克斯"号轻巡洋舰立即拉开距离，继续以远距火炮，吊射"斯比伯爵"号袖珍战列舰。

面对如此强大的左翼火力威胁（特别是害怕敌舰近身鱼雷攻击，被这家伙打中非沉即废），兰斯多夫无奈之下，只好掉转炮口，转移主炮射击"阿贾克斯"号轻巡洋舰以及"阿基里斯"号轻巡洋舰。此刻，"斯比伯爵"号袖珍战列舰的炮手们准确率突然升高，频频击中这两艘轻巡洋舰——"阿贾克斯"号轻巡洋舰主炮塔被弹片射穿多处，并造成人员伤亡；"阿基里斯"号轻巡洋舰也被射中3

"斯比伯爵"号袖珍战列舰尾部的主炮和鱼雷发射器

次，副炮台被震飞2个。

由于"斯比伯爵"号袖珍战列舰279毫米口径炮威胁太大，英国人的两舰不得不拉开一段距离，以保持平行航路，并横向行驶。

压力稍稍减轻的兰斯多夫认为，既然无法迅速解决英舰，伤其十指，不如断其一指。他命令掉转炮口继续轰击"埃克塞特"号重巡洋舰；又下令主炮轰击"埃克塞特"号重巡洋舰。其余轻型武器，包括防空炮、尾炮，则继续射击意图再次逼近的两艘轻巡洋舰。

兰斯多夫打算做最后一搏，把奄奄一息的"埃克塞特"重巡洋舰打入海底，以期盼扭转整个战局。

此刻，"埃克塞特"号重巡洋舰上的状况相当悲壮，由于"斯比伯爵"号袖珍战列舰使用的是高爆炸弹，其碎片产生的爆破效果，造成了61人死亡，23人重伤，那些被跳弹击伤、仍坚持作战的官兵更是不计其数。更为重要的是，因为船身不断进水，倾斜也越来越厉害，随时都有倾翻的可能。

贝尔更是疯狂，他全然不顾战舰即将沉没的危险，反而不断向"斯比伯爵"号袖珍战列舰进逼。他和两名军官集合在船尾的操纵台，把炮手赶去抢救伤员，自己亲手操作一座硕果仅存的炮塔，不断向"斯比伯爵"号袖珍战列舰还击。

经验丰富的兰斯多夫经过仔细的观察后发现，"埃克塞特"号重巡洋舰的主桅已经摇摇欲坠，只要命中数炮，就能让这艘重巡洋

"埃克塞特"号重巡洋舰幸存的水兵

舰报销。可让他意想不到的是，由于"斯比伯爵"号袖珍战列舰频繁地转换射击目标，以及炮台受损，造成了射控解算的混乱——也就是说，"斯比伯爵"号袖珍战列舰无法准确估算出敌舰的距离了。

几乎与此同时，那艘疯狂的"埃克塞特"号重巡洋舰也因船体进水导致电源短路，使得贝尔亲自操作的最后一座炮塔也失去了战斗力。这时，贝尔也无能为力了。7点40分，千疮百孔的"埃克塞特"号重巡洋舰转身驶去修理，至此脱离战斗。

哈伍德为了援救"埃克塞特"号重巡洋舰，再次率领两艘轻巡洋舰全速接近"斯比伯爵"号袖珍战列舰。兰斯多夫见势不妙，急忙下令施放烟幕弹，转舵离开，企图拉开射击距离，并以肉眼估算敌舰距离，用主炮射击撤退。

哈伍德当然不知道德舰射控已经失灵，他的勇往直前，仅仅是为了援助"埃克塞特"号重巡洋舰。眼见"埃克塞特"号重巡洋舰顺利撤出战斗，他便放下心来，不再追击。因为之前不间断的高速炮击，致使弹药情况吃紧，因此，他也开始施放烟幕弹，转舵脱离战斗。

……

此次海战，"埃克塞特"号重巡洋舰应该记首功，如果不是贝尔以身饲虎，英国军舰即便以三敌一，也不一定能占到便宜。

为了详细展示战役的经过，不妨看看贝尔的英勇事迹。

当天天亮的时候，贝尔离开了舰桥，留下史密斯值更。当然，贝尔接到了西北方向发现烟柱的报告，也收到了哈伍德发来的两份信号。不过，这都没有必要回到舰桥上去处理。他当时脱去了上衣和鞋子，躺在床上看书。

突然，枕头旁边的蜂鸣器像一只发怒的蜜蜂那样叫了起来。他听到了报告声，马上坐起身来，穿上鞋。话管里传来史密斯清楚的、不慌不忙的声音："舰长，我认为我们左舷的敌舰是'斯佩'号战列舰。"

受到重创的"埃克塞特"号重巡洋舰

贝尔回答说："太好了，拉响战斗警报！"于是，他仔细地系好鞋带，穿好军上衣，走上甲板。几秒钟之后，他来到了舰桥，因为他的住舱就在舰桥下面。

在他沿着梯子往上走时，听到了海军口笛的尖叫声、军士们的呼叫声和传令兵的喊叫声。"全体舰员，各就各位！"舰桥上的司号兵也吹起了"赶快就位"的号音。贝尔能够听到整个军舰上沿着甲板和梯子上下奔跑的脚步声和人们激动兴奋的叫喊声，以及军官和军士们发出的操纵火炮和仪器的命令声。

舰桥上的人抑制着激动的心情，有条不紊地忙碌着。所有的望远镜一齐对着敌舰。简短而清晰的命令从电话和话管传向各个岗位，这一切都好像是一次操练一样。贝尔一边看，一边走到舰桥前面自己的指挥位置上，急速地拿起望远镜观察那艘显得越来越清晰的敌舰。他命令道："升起战旗，增速到 28 节。"

信号军士长说："是，长官。"随即奔向后面的话管。航海队官下令："主机开 240 转 / 分。"贝尔扫视了一下敌舰，说："左 20°。"他对枪炮官说："枪炮官！准备好后立即开火。"又对史密斯说："把我们和德国袖珍战列舰遭遇的消息通报全舰各个部门。"

这时，格雷厄姆一边跑上舰桥，一边扣着上衣的扣子。他朝敌舰看了一眼，和贝尔交换了一下目光。贝尔说："嗯，中校，敌舰在那里！"格雷厄姆点点头，回答说："我去巡视一下全体舰员，长官，给他们鼓鼓气。"很快他就下去了。

军舰正以 25 节的速度前进着，而且速度还在不断加快，锅炉舱里的鼓风机声越来越响，简直压倒了风声。军舰向左转向前去迎战。贝尔踱步走近航海官，瞥了一下罗盘，命令道："你要尽可能操纵军舰接近敌人。不过，不要影响 A 炮塔发挥火力。"接着，他又转身向值更的海军候补生问道："现在是什么时候？"

"6 点 18 分，长官。"海军候补生回答说。

就在这时，"斯比伯爵"号袖珍战列舰的首次齐射向他们袭来。随着一阵尖厉的呼啸和一阵巨响，"埃克塞特"号重巡洋舰的两旁升起了巨大的水柱。贝尔说："他们的首次齐射击中了我们，赶快组织好我们的火力。"

枪炮控制塔里的詹宁斯大声喊道："我们要开火了，长官。"

贝尔回答说："好。"不一会儿，发射铃响了，首次齐射打响了。

这时，史密斯忽然想到了放在舰尾架子上的深水炸弹。这些家伙像鱼雷一样，在敌舰的炮弹射来的时候，可不是闹着玩的，一次直接命中就能把整个舰尾炸掉。他请示舰长是否可以把深水炸弹扔掉，得到的回答是："完全可以！"

火炮在不断地射击。"埃克塞特"号重巡洋舰只有 3 座炮塔，不过都是 203 毫米炮，每次齐射都使整个军舰震动起来。"斯比伯爵"号袖珍战列舰正好进入了他们的射程。"埃克塞特"号重巡洋舰两次击中了敌人。它以 30 节的速度向"斯比伯爵"号袖珍战列舰接近，由于它距离敌舰最近，而且它又是 3 艘巡洋舰中最大的一艘，显然，它立刻就成了敌人打击的主要目标。

贝尔和他的同事们在弥漫的硝烟中沉着而紧张地工作着。发射铃每20秒钟响一次，接管，打出一次齐射。很快，他们就成了"斯比伯爵"号袖珍战列舰的主要攻击对象，无数炮弹落在他们周围。贝尔下令作规避机动。"斯比伯爵"号袖珍战列舰改变了航向，把所有的主炮都对着"埃克塞特"号重巡洋舰。

齐射一次又一次地击中了他们。海面沸腾了，到处腾起水柱。"埃克塞特"号重巡洋舰未能规避多久，舰首突然发生了一次爆炸，冲出一片烈焰。

史密斯在一片喧嚷声中高叫："油漆库被打中了！"他扑向话管命令道："损管队快到前面去。"前甲板上一片喊叫声。浓烟、烈火从舰首的一个大裂洞中直往外冒。消防队员拖着一条水龙带前去灭火。

眼看大火就要扑灭了，突然又发生了一次更为猛烈的爆炸。甲板上出现了一个大洞，大得足以放进去一辆公共汽车。前炮塔不顾一切地继续射击。贝尔坚决地说："告诉全舰各个部门，我们要以牙还牙，以血还血！"

敌舰又射来一阵炮弹。这次，偏近了一点。消防队正分头扑灭两处大火。正当贝尔准备让航海官改变航向时，突然只见一道强烈的闪光，紧接着一声震耳欲聋的爆炸声，一股灼热的气浪把他打得昏头涨脑。他赶紧用双手捂住眼睛，蹒跚地后退了几步。他四周的

"埃克塞特"号重巡洋舰退出战斗，回到港口受到欢迎

人纷纷倒在甲板上，到处充满着喊叫和呻吟声。一阵弹片组成的钢铁风暴横扫了整个舰桥。片刻之前，这里的一切还都是井井有条，富有效力，而现在到处是破裂的管子，扭曲的金属，疮痍满目。贝尔紧靠着罗盘，双手依然捂着眼睛，帽子也不见了。转瞬间，一片静寂。

他从眼前移开满是鲜血的双手，问道："航海官，你还好吧？"没人回答。

他又问："信号军士长，你还在吗？"还是没人回答。

原来，他们不是死了，就是负了重伤，四肢伸开倒在狭窄的舰桥上。贝尔听到了他们重伤和垂死时的呻吟。他能活下来真是一个奇迹。很可能由于他站在舰桥前部才使他得以幸免。炮弹爆炸时，雨点般的弹片在他面前，笔直地飞向空中，越过他的头顶打到舰桥上部，把他后面所有的人全打倒了；这一阵雹子般的钢铁风暴把他的脸部熏黑了。弹片打飞了他的帽子，划破了他的头部，细小的碎片刺进了他的眼膜。

★贝尔回忆战争惨况

当时我已经懵了，传令兵比尔·罗珀曾一直站在我身后2米的地方，现在他的腹股负了伤，摇摇晃晃地站了起来。我试着用话管和舵房或下层驾驶部位联系，可是所有的通信装置似乎都被打断了。我问："罗珀，好小伙子！你没事吧？"罗珀把手塞进口袋里，点点头。我又喊了一遍别的人，仍旧没人回答。航海官死了，信号军士长负了重伤。军舰已经失去了指挥，以30节的速度旋着"8"字形的圈。可是203毫米大炮还在不停地射击。每次射击都引起军舰一阵震动，褐色的硝烟笼罩着舰桥。我说："过来，罗珀。"又向舰尾方向急促地喊道："急救队快到舰桥上来呀！"

格雷厄姆在梯子上方碰到了我。"感谢上帝，您可平安无事，长官。"炮弹爆炸激起的水花，一直喷到舰桥上，我问道："炮塔怎么了？""打坏了，人差不多全牺牲了，炮弹直接命中了炮塔，装甲被炸飞。您可能都见到了吧。"我点点头说："如果火势蔓延下去，就向弹药舱里灌水。"

4. 坚持就是胜利

　　此情此景真如地狱一般，急救队正在抢救伤员，随军牧师在死者旁边祈祷。"埃克塞特"号重巡洋舰像一匹烈马那样全速飞驰着。狂风呼啸，浓烟弥漫。贝尔大声说："我到后指挥所去。天哪！那是怎么回事？"格雷厄姆转身向他指的地方看去，贝尔乘机从他的头上一把抓过帽子戴在自己头上。此刻，这位格雷厄姆认为贝尔一定是疯了。贝尔笑着对他说："对不起，当舰长的必须戴着帽子。那你就去穿你的节日服装吧！走，传令兵。"

　　贝尔艰难地向舰尾走去，甲板上一团糟，前炮塔已被打坏，烟雾和火舌从前甲板上不断地往外窜。火势越来越猛，烤得人们睁不开眼睛。贝尔不得不爬过一堆堆废铜烂铁，经过正在与烈火斗争的消防队员。由于没有人操舵，这艘军舰在失去控制的情况下高速奔驰着。但它的两门后炮还在射击。尽管处境异常危急，他们却精神振作。

　　贝尔匆匆赶往后指挥所，传令兵比尔·罗珀费劲地跟在他后面。他感到自己更加虚弱了，但是说什么他也不愿离开舰长。经过右舷鱼雷发射管时，贝尔遇到了史密斯。两人身上都流着血，但仍很坚强振奋。贝尔说："你好，史密斯。舰桥不能指挥了，我上后指挥所去。情况怎么样？"贝尔一边说一边爬上一架直梯。史密斯报告道："所有鱼雷兵死的死，伤的伤，长官。"

罗珀跟在贝尔后面，贝尔回过头来问道："有没有闲着的人呢？"

史密斯高声回答说："他们此刻全都在干活呢，长官。"说完，匆匆离去。

比尔·罗珀这时感到全身乏力。他想他可能永远也爬不上去了。于是，他紧紧地抓住扶梯。这时，一支急救队匆匆经过这里。有个人问他："你还好吧？朋友。"

罗珀咬着牙点点头，一鼓劲儿跟着舰长爬了上去。

后指挥所是一个露天的平台，位于主桅和飞机弹射器之间，此刻由一位军士负责指挥。人们正在紧张地工作，企图恢复通信。狂风在平台四周尖声呼号，从烟囱里冒出来的浓烟遮天蔽日，被炮火打断了的无线电天线在空中飞舞，不时地抽打着人们的脸。突然，"哗啦"一声，一个足有3公斤重的绝缘子掉在贝尔的脚边。贝尔摇摇晃晃地爬上平台。他宣布道："我就在这儿指挥战斗。"

"所有的通信都中断了，长官。"

"回转罗经呢？"

"坏了，长官。"

"去搞一个小艇罗经来！"

那位军士对一个士兵说："到左舷的救生艇里去拿一个来。"贝尔补充道："得拿两个，一个放在这儿，再拿一个放在下面给操舵的人用。我要组成人链来传递命令，赶快行动！"

军士立刻照办。不一会儿就可以听到他的叫喊声："你们听着！到 102 毫米炮那里去叫些人来，组成一个通往下边舵机舱的人链。"

格雷厄姆来了，他跨过栏杆登上平台，说："是您找我吗，长官？"

这时，从他们的上方掠过一团细雾。贝尔说："是的，这儿怎么乱七八糟的？""汽油从飞机里漏出来了，我们正准备把这架打坏的飞机推到一边去。"

正在这时，后炮塔开火，喷出一条很长的火焰。贝尔说："我希望你们赶快做，不然的话，这里再出现这样的火焰，我们都要被烧死了。"

又发生了一次剧烈的爆炸，"埃克塞特"号重巡洋舰在短时间里连续被命中两次。军舰已经向右倾斜了。但是，所有能射击的火炮仍在开火。人们纷纷出现在贝尔的周围，重新聚集在新的指挥中心。一个信号军士说，他已接替了信号军士长的工作。一个上尉手里拎着一只小艇罗经来接替航海官的工作。现在，人链—人力传令组织起来了。贝尔对代理航海官说："由我的传令兵给你传达命令。准备好，罗珀！"

这一小批人员面向敌舰，各就各位。军舰恢复了控制。瞭望员麦科报告说："敌舰笔直朝我们驶来了，长官。"

贝尔下令："右 20°！"

　　命令由麦科传给罗珀，再由罗珀传给下面甲板上的人，然后通过人链，沿着长长的甲板，越过后甲板，向下通往升降口，一直穿过三层甲板。最后，命令传到舵机舱里——这儿有六七个裸露着上身的人用人力扳动直接接在舵叶上的舵轮。

　　命令还是很快地由这条人链传递着，一个命令刚刚传到，另一个命令又在传递之中了。当时，这是使军舰恢复控制的唯一办法了。

　　当"阿贾克斯"号轻巡洋舰和"阿基里斯"号轻巡洋舰迅速向

指示船舶在水平面内相对地球基准方向的罗经

"斯比伯爵"号袖珍战列舰接近时,"埃克塞特"号重巡洋舰的处境变得更加危险了。德国人决心要结果这艘重巡洋舰,炮弹一发接一发地击中了"埃克塞特"号重巡洋舰。然而,它仍在继续战斗着。不一会儿,又有一座炮塔被击毁。但是,后炮塔还在继续射击。枪炮官干脆站在塔顶上直接指挥射击!史密斯报告说,左舷鱼雷发射管里装了4枚鱼雷。贝尔告诉他,如果有机会就把它们发射出去。后指挥所的人站在小小的平台上,身上不时被近弹溅起的水花打湿,但他们继续战斗着。命令也依旧不断地通过人链传送着。

突然,各种喧闹一下子停了下来。他们的最后一座炮塔——后炮塔停火了。恰好在这时,轮机长来到后指挥所报告情况。贝尔看到了他,大声说:"喂,轮机长,下面的情况怎么样?"

轮机长对一路上所看到的惨状甚为吃惊,但此时他依然平静地回答:"主机和锅炉正常,长官。"

"长官,敌舰向我们迅速接近。"麦科报告说。贝尔第一次失去了镇静,惊叫起来:"啊,现在既没有炮也没有鱼雷可用了!左10°!"命令传下去了。贝尔转过身来,盯着正在接近敌舰。现在他只剩下一个以30节速度行驶着的、重达6000吨的舰体了。他凑近格雷厄姆耳语道:"看来只有一个办法可以对付它了。它想结束我们。因此,只要它给我们半点机会,我就要争取撞上去,和这个家伙同归于尽。"

格雷厄姆轻轻地叹了一口气,以一种十分坚定的声音回答说:

"是，长官。"贝尔高兴地说："这样，我们虽然完了，但它也完蛋了，问题也都解决了……"

突然，麦科惊叫起来："敌舰转向了，长官。"

格雷厄姆高声说道："那是'阿贾克斯'号轻巡洋舰和'阿基里斯'号轻巡洋舰，它们缩短了同敌人的距离！是它们把它吸引开的！"

一群人都转过身来看着"斯比伯爵"号袖珍战列舰。突然，这艘袖珍战列舰的周围不断地升腾起高大的水柱。在战斗中，3艘英国巡洋舰都对"斯比伯爵"号袖珍战列舰具有那么高的航速而感到吃惊。现在，在这两艘轻巡洋舰的猛烈攻击下，"斯比伯爵"号袖珍战列舰开始施放烟幕，掉头规避了。

贝尔紧紧抓住栏杆，说："真的！它们正在对它发动猛攻呢！它们已经把它引开了，让我们拉大同它的距离。左20°。"

"埃克塞特"号重巡洋舰不再受到攻击了。它已失去抵抗能力，燃烧着，倾斜着，蹒跚地向南方驶去；而"斯比伯爵"号袖珍战列舰则转向了西方。这时，"埃克塞特"号重巡洋舰上的人好像刚从一场噩梦中醒来。史密斯坐在一个破烂得不成样子的鱼雷发射管上，正在吃一种绿颜色的东西。格雷厄姆从后指挥所向下看去，怀疑地问："你是在吃东西吧？"史密斯在下面高兴地说："是卷心菜呢，吃起来真是舒心得很呐！"于是，他把卷心菜扔了上去。这时，大家忽然都感到饿了。格雷厄姆一把接住，对贝尔说："你也来一点

高速航行的"斯比伯爵"号袖珍战列舰前甲板上，舰员注视着越来越远的英国舰只

吧，长官？"贝尔接了过来。他们立刻大嚼起来。对贝尔来说好像从来没有吃过这么好的东西似的。他咕哝着说："太好了，大概快到开午饭的时间了吧……"

比尔·罗珀说："才7点30分呢，长官。"他的声音十分微弱，站在那儿摇摇晃晃。贝尔惊讶地说："天哪，从发现敌舰到现在才75分钟啊！"这时，他才有时间注意到罗珀的脸色是那样苍白。他关切地问："罗珀，你负伤了吗？"

罗珀回答说："是的，长官。"贝尔命令道："快下去找医生看看，你们派一个人陪他下去。"罗珀打起精神用力回答说："不用了，我能自己去。长官。""那好，你去吧。"贝尔说。等他走后，贝尔转过来对格雷厄姆说："真是个好小伙子！"

在后指挥所，一个信号兵将一份信号递给贝尔，说："是旗舰发来的信号，长官，要我们报告情况。"贝尔手里拿着这份信号，说："博比，情况怎么样？""火炮全都打坏了，长官，"格雷厄姆回答说，"火势已被逐渐控制，军舰正在漏水，向右倾斜15°，舰首下沉，伤亡约100人，主机和锅炉完好。"贝尔点点头，说："报告旗舰：'火炮都打坏了，但我们仍能航行'。"这就是哈伍德在"阿贾克斯"号轻巡洋舰上收到的那份信号。从这里去马尔维纳斯群岛有1000海里的航程；不过，哈伍德知道，只要能去的话，那么贝尔一定能驶到的。

当收到哈伍德最后发来的信号时，贝尔点点头。他周围的人正在加紧工作。轮机长报告说："漏水已经被控制住了，长官，军舰正在逐渐扶正。"与此同时，一位军士报告说，通信联络已经恢复，电罗经也正常运转了。贝尔说："好吧，航海官，航向正南，速度18节。"

远在伦敦的丘吉尔也收到了"埃克塞特"号重巡洋舰的情况。有人建议不必加以修理，但丘吉尔觉得这是一艘英雄的战舰，不能接受这个建议，并致电哈伍德和贝尔舰长：

……关于"埃克塞特"号重巡洋舰所受损害的最初报告，表明了它所遭到的猛烈炮轰以及敌人同它战斗的决心。同时，由于它能够经得住这么长时间的猛烈炮轰，因而对于英国海军部建造

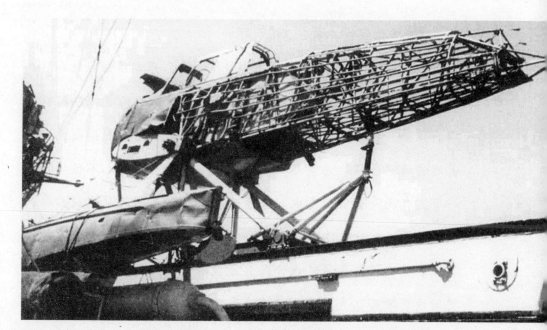

"斯比伯爵"号袖珍战列舰弹射器平台上被击毁的飞机残骸

司来说也是莫大的光荣。这个故事应该尽快地加以宣传，但要删去一切不相宜的事实（即不应该让敌人知道的事实）。关于修理方面，我想该舰一定可以得到初步的修理，以便它能驶回本国进行彻底的修理。

我们不应该立即同意关于在战争期间暂不修理"埃克塞特"号重巡洋舰的建议。我们应该尽可能地增强它的内部结构，用支柱加以支撑，并且将它所载的军火或其中大部分移到一些商船或供应船上。或许它可以装上一部分木桶或空油桶，再把舰上人员大大地减少，然后在护卫舰只的保护下返航，或者驶到地中海，或者驶到我们的任何一所修船厂。

★丘吉尔保住"埃克塞特"号

"埃克塞特"号重巡洋舰受伤实在惨重，开到马尔维纳斯群岛时已经千疮百孔。很多人都建议放弃修理，但作为普拉塔河口海战的象征，丘吉尔固执地要保留该舰，特意发电报说：关于在南美洲的海军少将来电声称"埃克塞特"号重巡洋舰已不值得修理一节，我还没有看到复电。关于此点，我曾在备忘录中提出我的相反的意思。这件事现在究竟办得怎样了？伦敦这边大家都赞同将该舰驶回国来彻底修理，而且修理所需的时间，也不如海军少将所设想的那么久。关于"埃克塞特"号重巡洋舰的问题，现在究竟预备怎样办？我们用什么办法，在什么条件下，以及在什么

英国首相丘吉尔

时候把它弄回来？我们不能让它留在马尔维纳斯群岛，因为在该地，如果不想使它遭受危险，就要有某些重要的军舰羁留在那里护卫着它。

第三章
外交攻防战

★ 经过横渡太平洋的漫长航程，"阿基里斯"号轻巡洋舰在智利的圣地亚哥首次靠岸。随后，穿过麦哲伦海峡加入了哈伍德的编队，并沿着南美漫长的海岸线执行巡逻任务。

★ "阿基里斯"号轻巡洋舰的炮火又变得整齐和准确起来。它没有必要向"阿贾克斯"号轻巡洋舰通报情况，也不能再和"阿贾克斯"号轻巡洋舰一起集火射击了。沃什伯恩又一次单独地干了起来。舰长帕里的双腿变得很不灵便，他只好坐在舰桥上一张铺着蓝垫子的高脚椅上指挥尔后的战斗，一个救护所的军士正在给他包扎伤口，而他却全然不在意。

★ 乌拉圭人登上甲板后，他们双方以正规军礼相见。赫获伯格对他们的突然进港和缺少灯光表示歉意，接着，请他们跟他去舰长室。四个德国人都拿着强光手电，瓦雷拉能够看到躺在后甲板上模糊的人影，由于打了一天仗，他们已经精疲力竭了。

1. 帕里受命赴南美

现在来看看"阿基里斯"号轻巡洋舰在战斗中的表现。

三个月以前，当"斯比伯爵"号袖珍战列舰首次出现在南大西洋上的时候，"阿基里斯"号轻巡洋舰正在本国水域进行训练。

作为英国皇家海军新西兰分队中的一艘军舰，它的舰员主要来自新西兰，但大部分军官和军士是不列颠人。它的四座炮塔中有三座由新西兰人操作，第四座由英国皇家海军陆战队操作。该舰纪律严明，士气高昂，帕里舰长理所当然地受到了舰员们的爱戴。在南太平洋训练期间，他成功地进行了组织指挥，使军舰的战斗力得到了极大的提高。不久，帕里接到了英国海军部的命令，开赴南美洲参加哈伍德的分舰队。

经过了横渡太平洋的漫长航程，"阿基里斯"号轻巡洋舰在智利圣地亚哥首次靠岸。随后，它穿过麦哲伦海峡加入了哈伍德的编队，并沿着南美洲漫长的海岸线执行巡逻任务。在接到哈伍德下达集结的命令前不久，"阿基里斯"号轻巡洋舰正在伯南布哥附近。接令后，帕里率舰向普拉塔河地区开进，并于 12 月 10 日到达。接着，"埃克塞特"号重巡洋舰于 12 日到了。

帕里是个有远见和富于想象力的人，他充分意识到派遣一艘军

"阿基里斯"号轻巡洋舰

舰从地球的一端来到另一端所具有的传奇般的意义，而且对于能够毫无困难地和英国皇家海军其他舰只一道迅速投入战斗而自豪。

普拉塔河口的战斗，是英国皇家海军新西兰分队第一次有机会派舰参加的战斗。

沃什伯恩是"阿基里斯"号轻巡洋舰上性格豪放和能干的枪炮官。12月13日上午，他是舰上的主要控制军官——在舰长不在时代理舰长职务的军官。约6点10分，"阿基里斯"号轻巡洋舰上，除了白昼航行时必不可少的少数岗位之外，其余人都下去休息了。此刻，又轮到沃什伯恩值更。所以，他又返回舰桥，站在那儿和帕里讨论晚些时候准备进行的枪炮射击训练问题。

哈伍德在昨晚曾宣布过要进行战术训练的意图。他打算进一步进行统一指挥、集火射击的通信操演。没有一个枪炮官愿意把自己的火炮交给别人指挥，沃什伯恩也不例外。他直率地说出自己的看法，而帕里呢，宽容地微笑着，很少说话。

统一指挥、集火射击通信操演确实不同一般。这是哈伍德分散敌人火力的作战方案的重要组成部分。如果他的两支攻击兵力能将敌舰置于这样一个位置上，即他们各自的射向都能保持正确的舷角，那么，每艘军舰都能报出另一艘舰的弹着点是近弹还是远弹。这在雷达发明以前和没有弹着观察飞机的情况下是至为重要的。否则，枪炮指挥官只能根据溅落在敌舰附近的弹着点来修正射击。

如果敌舰被炮弹溅起的水柱遮蔽了，那就说明是近弹，火炮台

哈伍德（右）在"阿基里斯"号轻巡洋舰上

要增大仰角；反之，火炮台就需要减小仰角。如果炮弹溅起的水柱散布在敌舰前后，那就叫夹中，说明打得准确。但是，要想与敌舰保持一定的相对位置，往往是很困难的，因为敌我双方都是处在不断运动的状态的。所以关于齐射距离方面的情报是极其重要的。

对此，沃什伯恩当然一清二楚。但是，他所烦恼的是必须进行统一指挥、集火射击。就是说，射击中必须听从旗舰的统一指挥，这使他快快不乐。沃什伯恩诙谐地对所有愿意听他发牢骚的人侃侃而谈，包括在舰桥上来回踱步的舰长和航海官考伯恩上尉。

大约6点15分，瞭望员报告："左舷100°，发现烟柱，长官。"

帕里和沃什伯恩悠闲自得地溜达到舰桥左侧。他们对瞭望员刚才的报告并不介意，因为这样的报告以前曾有过上千次。尽管哈伍德的直觉认为德国军舰将在今天出现，可是谁都没有真的认为现在会碰上德国的袖珍战列舰。因为上一次他们听到它的名字的时候，它还在3000海里之外，正在回国呢。

帕里举着他的望远镜观察着，而沃什伯恩则使用装在那儿的巡航望远镜。这两个人显然立刻就明白那是一艘袖珍战列舰。这天的视距极好，他们能看清敌舰上的枪炮控制塔、测距仪和一缕棕红色的轻烟。虽然此刻还看不到别的东西，但前来的是一艘敌舰对这两人来说已是肯定无疑的了。他们转过身来面面相觑。帕里说："天哪！是一艘袖珍战列舰。航海官，拉响警报，通知机舱我们将要全速投入战斗。"

帕里在"阿基里斯"号轻巡洋的舰桥上

　　沃什伯恩跳起身来，从外部的梯子和应急门抄近路登上了枪炮控制塔。他从最高的位置上又进行了一次观察。没错，确实是敌舰。于是，他转身在位置上坐下，并下令向目标瞄准。他戴上了头盔式耳机，等待各个战斗岗位的报告。此时，急促的警报声格格地响着。接着，又响起了号音。舰员们一听就知道这是真的战斗警报，因为前面没有附加的"演习"信号。沃什伯恩从话管里能听到舰桥上发生的一切事情。信号军士长报告说："'埃克塞特'号重巡洋舰升起了战旗,长官。发现敌舰。"

考伯恩接替了值更军官的工作。帕里以一种平淡的声音对他说:"和'阿贾克斯'号轻巡洋舰的距离拉大为三到四链。航海官,保持疏散队形。敌人向我们开火时,进行规避,但是舵角不能太大了。"

这时,沃什伯恩的部下们从他们的床铺上爬起来,气喘吁吁地奔向各自的岗位。枪炮官沃什伯恩来到枪炮控制塔后,就下令各就各位,这花了几分钟。然后,他命令所有炮塔装填穿甲弹:"各炮用穿甲弹——装填!"

这道命令对于炮手们来说是十分清楚的,这次真的要打仗了。炮塔里大声复诵着这道命令,炮手们会意地相互交换着目光。就在这时,"阿贾克斯"号轻巡洋舰开火了。帕里在舰桥上瞥了一下测距仪距离指示器上的读数是24300米。他说:"已到最大射程了。"

好像是为了打招呼,3发279毫米炮弹飞过头顶,在不远的水面上爆炸了,激起3个冲天水柱。这是"斯比伯爵"号袖珍战列舰首次齐射的炮弹落水。炮弹落在"阿基里斯"号轻巡洋舰的右前方。帕里急忙说:"向右转!航海官。"

考伯恩大吃一惊,看了看舰长,说:"是,是,长官。右20°。"

帕里通过话管喊道:"枪炮官!"

他从话管里听到了沃什伯恩的回答声。帕里缓慢而清楚地对他说:"我将一直跟着最后落水的敌方弹着点,你要准备相应地修正。"

在上方的控制塔里，沃什伯恩顺从地回答说："是，长官。"

帕里走回舰桥中央，突然转过身来对还在张着嘴呆呆地望着他的考伯恩说："明白吗？航海官。"

考伯恩想了想，说："是，长官。但愿敌人摸不着我们的意图。"

帕里淡淡地一笑，这种机动多少有点儿冒险。这种机动方法是：如果敌人的炮弹打近了，军舰就向着敌人方向开去；如果敌人的炮弹打远了，军舰就背向敌人开去，这在某种意义上是一种迷惑敌人的办法。但是，如果敌人识破了这一诡计，他只需不加修正地打几个齐射，军舰就会被炮弹打中。后来，在讨论这次战斗时，帕里总是把"阿基里斯"号轻巡洋舰未受大的损伤，归功于考伯恩熟练地按照他的指示去做的结果。

控制塔里，沃什伯恩下令道："准备齐射！"

各炮塔里又一次回响起口令的复诵声。沃什伯恩身边的火炮射击准备信号箱里的灯光，开始参差不齐地闪烁起来。话管里传来帕里的声音："枪炮官，准备好了就马上开火。"

5 只信号灯已亮了起来，眼睛一直盯着信号箱的沃什伯恩冲着话管说："射击准备完毕，长官。"

"开火！"帕里说。这时，所有的 8 只信号灯全亮了。沃什伯恩对着话管说："射击！"

几乎就在同时，开火铃声响了起来。一秒钟后，传来隆隆的舷侧齐射声。所有的信号灯立刻又熄灭了。接着，当炮手们重新装上炮弹后，信号灯又开始闪烁起来。不到 20 秒钟，又一次舷侧齐射开始了，然后，又一次……在射击的初始距离上，炮弹飞到目标大约需要 50 秒钟。对于枪炮人员来说，这的确是一个漫长的时间。刹那间，三次舷侧齐射的炮弹相继腾上海空，以最快的速度飞向目标。沃什伯恩看了看手表，这么长久的等待对他的耐心实在是个小小的考验。

控制塔里装有一种发声的仪器，用来指示每次齐射的炮弹飞行终了的时间。现在，它发出了嘟嘟声，说明首批打出去的炮弹即将到达目标了。沃什伯恩的眼睛紧紧地贴着双筒望远镜，很快看到出现了一个炸点，这意味着炮弹落水了。他通过话管下达了修正指令和连续快放的命令。

射击不断地进行着，直到他右肩后面的电话兵用肘轻轻地推了推他，耳语说："'阿贾克斯'号轻巡洋舰呼叫我们，现在由旗舰控制火炮射击。"然后，电话兵就在沃什伯恩的右手旁把旗舰发来的距离和方向偏差指令写在纸上，交给他看。这种动作，每 15 分钟重复一次。

这样，"阿贾克斯"号轻巡洋舰和"阿基里斯"号轻巡洋舰开始了集火射击。沃什伯恩想自己掌握本舰的火力，因为他根本瞧不起"阿贾克斯"号轻巡洋舰上枪炮官的指挥能力。

6 点 40 分，"斯比伯爵"号袖珍战列舰的一排炮弹在离"阿基里斯"号轻巡洋舰左舷只有几米远的水面上爆炸了。弹片横飞，

"阿贾克斯"号轻巡洋舰正在射击

舰桥和枪炮控制塔上多处被击中。许多这样的碎片，穿透了舰桥四周薄薄的防弹板，穿透了帕里的一双小腿。帕里只觉得一阵晕眩，就什么也不知道了，不过他很快苏醒过来。他醒来后听到的第一种声音，就是急救队在搬运他时，信号军士长发出的痛苦的呻吟声。他挣扎着起来，坐在装有两架罗盘的高脚平台边上。他陷入了迷茫，认不清周围是些什么东西。忽然间，他感到他的大炮已经不响了。

约有 6 块大小不等的弹片，穿透了 25.4 毫米厚的装甲，打进了枪炮控制塔。沃什伯恩当时只听到一声巨响，觉得一阵晕眩，就什么也不知道了。等到他清醒以后往四下里一看，只感到呼呼的海风通过炸开的洞口往里猛灌，旁边有许多倒卧的身躯。

★利安得级轻巡洋舰

利安得级轻巡洋舰的设计源于约克级，可以看作约克级的缩小型。利安得级可以细分为利安得级和安菲翁级（利安得级改进型）。利安得级在保留约克级船型的基础上，使用了更为紧凑的舰桥和 153 毫米主炮。该级舰还先后出售和租借给澳大利亚皇家海军和新西兰皇家海军。

"阿基里斯"号轻巡洋舰便属于这类战舰。全长 169 米，水线处长度 163 米，型宽 16.9 米，吃水 5.8 米（标准），满载排水量 9350 吨，功率 72000 轴马力，续航能力 7500 海里/15 节，最大速度 32.5 节。

主炮 8 门 153 毫米/50 倍径；双联装炮塔 4 座，前 2 座，后 2 座；副炮 4 门 102 毫米/45 倍径；单联装炮塔 4 座；高炮 12 挺 12.7 毫米/62 倍径高射机枪；4 联装机枪塔 3 座；鱼雷 8 具 533 毫米鱼雷发射管；水上 4 联装鱼雷发射管 2 具。舰员人数 570 人。

利安得级轻巡洋舰首舰"利安得"号轻巡洋舰

2. 新西兰英雄

帕里艰难地走到舰桥前部。在急救队员告诉他之前，他还不知道自己负了伤。他往下看去，前炮塔已经不能瞄准敌舰了；回头朝后看，枪炮控制塔已被打穿，他感到事情大为不妙。他赶紧挪动身子，来到话管跟前，说："舰桥—枪炮控制塔，舰长在呼叫你们，你们都好吗？枪炮官。"

在控制塔里，两个电话兵由于多处受伤，四肢伸开倒在地板上牺牲了。其中一个倒在下方小隔舱里的测距员上面。沃什伯恩身上有两三处负伤，还有点头晕眼花。一个士兵对着麦克风沉着地说："枪炮控制塔被击中，现在由后指挥所接替指挥！"然后，站起身来对沃什伯恩说："走吧，长官，这儿需要修理了。"

沃什伯恩结结巴巴地说："发生了什么事？我不是好好的吗？……"他用手摸摸头，发现手上都是血。于是，他顺从地从椅子上爬下来，进行包扎。

大约就在这个时候，舰长通过话管询问情况。沃什伯恩回答说，现在已经由后指挥所接替射击指挥了，并请求派急救队到控制塔里来。一两分钟后，他的神智恢复了正常。他又爬上自己的座位，估量一下损失的情况。他向下查看枪炮控制塔的前半部，高低和方向瞄准手都平安无事，士兵肖恩仍旧坐在仪器跟前，虽然是曲着身子靠在上面。

这时，他发现火炮发射得很慢，而且参差不齐，说明后指挥所的工作效率不高，两个操作人员不大协调。原来，正在射击的 X 炮塔，射角十分靠前，炮口的气浪和强烈的震动使他们变得笨手笨脚——事实上，直到战斗结束，"阿基里斯"号轻巡洋舰后部上层建筑所受的损伤都是由自己的火炮气浪造成的。

疲惫的"阿基里斯"号轻巡洋舰上的官兵

沃什伯恩决定恢复枪炮控制塔的指挥，他问道："什么地方出了毛病？"

士兵黑顿从望远镜那儿转过身来说："射击指挥仪器似乎还是完好的，长官。"

沃什伯恩说："好的，我们倒要看看究竟什么地方出了毛病。把指挥开关转到枪炮控制塔的位置上。准备，肖恩！"

黑顿复诵了这道命令："是，把开关转到枪炮控制塔的位置上，长官。"

可是，肖恩没有回答，毫无动静。沃什伯恩又厉声地重复了一遍："肖恩！"

坐在旁边的一个士兵迅速地回答说："他已经死了，长官。"

沃什伯恩立即朝下看了看，肖恩仍旧坐在观测仪器旁，不过已经僵硬了。沃什伯恩命令道："罗杰斯！接替肖恩的工作。"

叫罗杰斯的士兵一声不响地过去安顿好肖恩的尸体，坐在他的位置上。这时，急救队来到了枪炮控制塔门口。可是，他们进不去，因为门的铰链被弹片击毁，门轧住了打不开。在三个人牺牲的情况下，沃什伯恩恢复了射击指挥，他和他的部下继续指挥了尔后的战斗。

由于无线电天线被打断，电话兵又牺牲了，沃什伯恩很快意识到，他再一次能自主地控制自己的火力了。

"阿基里斯"号轻巡洋舰的炮火又变得整齐和准确起来。它没

"阿贾克斯"号轻巡洋舰

有必要向"阿贾克斯"号轻巡洋舰通报情况，也不能再和"阿贾克斯"号轻巡洋舰一起集火射击了。沃什伯恩又一次单独地干了起来。舰长帕里的双腿变得很不灵便，他只好坐在舰桥上一张铺着蓝垫子的高脚椅上指挥尔后的战斗。一个救护所的军士正在给他包扎伤口，而他却全然不在意。

这时，"埃克塞特"号重巡洋舰正遭到严重的损伤。他把注意力全都放在它的身上了。他对考伯恩说："'埃克塞特'号重巡洋舰向南驶去，马上就要退出战斗了。"

正在他说话的时候，那位军士包扎好他的右腿，对他说："现在包扎另一只腿吧，长官。"

帕里不耐烦地说："那只腿还有问题吗？"接着，他往下看了看，这才头一次发现自己的两条腿都被打穿了。

在"阿基里斯"号轻巡洋舰上，每个人都在专心致志地工作着。这时，甲板上发生了一个小插曲。一个司炉走近正在值班的轮机长贾斯珀说："长官，我有话要对您说。"这位轮机长是个小个子，上了点年纪，军舰每次射击，火焰便从炉膛里蹿出来足有好几米远。有时能把所有在场的司炉都击倒在地。火光每闪烁一次，值班司炉就要查看一下，以了解锅炉燃烧是否正常。有时火被震熄，司炉就得把两边的旋塞拉出，重新点火，并迅速地把旋塞放回。锅炉里的声响真是震耳欲聋。

贾斯珀两眼仍然盯住他的测量器，说："怎么回事？"

那位司炉说："长官，我花了5分钟的时间想把最后这两小时的机器转速通知舰桥，以便填写日志。但是，他们说'不感兴趣'。当我坚持要报告时，长官，航海官竟在电话里对我说：'干你自己的事去吧。'"他的话被一次齐射打断了，贾斯珀点点头，说："噢，别介意。或许此刻舰桥上正考虑别的事情，顾不过来呢。"

"阿基里斯"号轻巡洋舰在以后的40分钟里和"阿贾克斯"号轻巡洋舰一直并肩战斗。开始，"斯比伯爵"号袖珍战列舰距离为16000米，之后它以最大速度接近"斯比伯爵"号袖珍战列舰到9000米。和"阿贾克斯"号轻巡洋舰一样，"阿基里斯"号轻巡洋舰上的人们都为没有能给"斯比伯爵"号袖珍战列舰的主炮或机器造成严重的损伤而感到失望。他们以现有的武器射击了一个多小时，但没有取得明显的效果。不过，他们没有意识到，他们的猛烈攻击，曾打得"斯比伯爵"号袖珍战列舰晕头转向，使它一开始就不得不采取守势。

　　战斗打响几分钟之后，"斯比伯爵"号袖珍战列舰显然就不想和这两艘轻巡洋舰交手。在它对"埃克塞特"号重巡洋舰进行了一次凶猛的攻击后，它在整个战斗中一直是在向西退走。这是两艘轻巡洋舰给它造成的压力。除了枪炮控制塔被击中后的很短一段时间之外，沃什伯恩始终不间断地指挥着射击。在他的印象中似乎只进行了 50 次舷侧齐射，而实际上确切的数目是 210 次。

"阿基里斯"号轻巡洋舰的炮弹落在"斯比伯爵"号袖珍战列舰旁边海面，爆炸激起水柱

在"阿基里斯"号轻巡洋舰上，A、B炮塔比X、Y两座炮塔发射的次数多，因为后面两座炮塔的射角不能小于35°。A炮塔和B炮塔由于发射得太多，炮管太烫，油漆全都起泡脱落了；同时，身管膨胀，使得射击后不能继续装填炮弹了。换句话说，就是炮的后坐力不够，制退机构失灵。后来，炮手们研究出一种能让发烫的炮台正常地后坐的有效方法，从而使射击得以继续进行。

有一次，B炮塔暂时供不上炮弹了，炮手们为了不使火力中断，就取出弹药箱里的备用炮弹来用。穿甲弹打光了，他们就把弹药箱里的两发练习弹也拿了出来。B炮塔是由新西兰人操作的，他们都是些实干家。军官萨默维尔说："你们还等什么？快把它们装填进去。"就这样，把两发练习弹也打了出去。

战后，沃什伯恩有一次碰巧在汉堡遇到了"斯比伯爵"号袖珍战列舰的枪炮官，并谈起了这件事，那时他才得知，当时这两发练习弹中居然有一发穿过"斯比伯爵"号袖珍战列舰的军官餐厅，最后落在一名准尉的床铺下，弄得德国人莫名其妙。

大约7点40分，哈伍德命令"阿基里斯"号轻巡洋舰和"阿贾克斯"号轻巡洋舰在烟幕的掩护下撤出战斗。这可使沃什伯恩大失所望，因为他有这样的印象，在最后10分钟里，他们把敌人打得狼狈不堪。其实，他没有觉察到，他们将很快就没有炮弹可以射击了。当他正继续骂骂咧咧时，帕里舰长问他："还剩下多少炮弹了，枪炮官？"

"我还不大清楚呢，长官，"他回答说，"我尽可能快地向您报告。"

他打电话询问各个部位，很快得到了回复。他把各处报来的数字，潦草地写在一只火柴盒子上，累加起来。最后，他用克制的声音报告说："舰长先生。"

帕里耐心地说："嗯，枪炮官？"

"我们发射了近 1200 发炮弹，大约还剩下三分之一。现在由司炉们组成的运弹组，正从后炮塔往前炮塔转移弹药呢。这是他们自愿这样做的。"

帕里说："谢谢，你们这儿都好吗？"

沃什伯恩回答说："有点伤亡，长官，还有点儿漏风，别的都好。"

铁工们在损坏了的控制塔门那儿修了很久。随着"格拉"一声，门终于被打开了。急救队急忙进入控制塔，开始搬运伤员和尸体。这时，沃什伯恩才第一次注意到，紧挨着他坐的士兵特林布尔的脸色是那样苍白。沃什伯恩问道："你怎么啦，特林布尔？"这个大个子回答说："长官，不要紧的。我现在去包扎一下，屁股被弹片擦了一下。"他站起身来，微微点了点头，不要别人扶助就走了出去。他那个座板可以翻起来的单人座椅被弹片打穿了一个洞，上面浸满了鲜血。

舰上所有人的心情都很好。十几个人来到舰桥和枪炮控制塔，想看看战斗打得怎么样了，给敌人造成了多大的损伤。这时，"阿

"阿基里斯"号轻巡洋舰的甲板上一片狼藉

基里斯"号轻巡洋舰的上层甲板上一片狼藉，这主要不是敌人的弹片而是自己的炮火造成的。一个传令兵快步来到考伯恩跟前，衣袋里鼓鼓地塞满了巧克力和奶糖，嘴里嚼着糖果，报告说："军需官要我向长官报告，准备发放战斗早餐了。"

考伯恩答道："太好了。喂，你从哪儿弄的这些巧克力？是不是偷了小吃部的钥匙？"

"才不是呢，长官，"那个传令兵理直气壮地回答说，"我这是合法的，长官，小吃部的门被炸飞了。"

不一会儿，哈伍德发出了下令"喝酒"的信号。显然，这是一个受欢迎的命令。

在以后的3个小时里，使沃什伯恩感到奇怪的是：一个情绪高昂的枪炮军士长大约每隔15分钟就要跑到控制塔上来一次，问问沃什伯恩有什么事需要他做的。后来，他才弄明白，原来这个个头不高、粗壮结实、动作迟钝的枪炮军士长名叫乔莫。他的职责是沿着中甲板巡行值勤。突然，他碰上了一个天真的普通小水兵，手里拎着一瓶朗姆酒走错了方向。枪炮军士长迎上前去，说："喂，你这小子，是从什么地方弄来的酒？"

"从后面，军士长，"他回答说，"我们都得到了应得的一份。"

军士长蛮横无理，一把把酒瓶夺了过去，气势汹汹地说："得到了应得的一份？没你们的份。好啦，把它给我了。"接着，他一口气把酒喝个精光。

丘吉尔登上了 "阿贾克斯" 号轻巡洋舰

★英国人的自豪

丘吉尔回忆：普拉塔河口外海战的结果，使英国全国人民莫不欢欣鼓舞，并且大大地增加了英国在全世界的威望。三艘较小的英国军舰，居然毫不犹豫地袭击一艘大炮远较它们为多、装甲远较它们为厚的敌舰，而且迫使敌舰逃遁，这种情景，受到了世界各国的赞赏。我们应该记住，哈伍德海军准将率领的所有舰只，其航行速度，都比 "斯比伯爵" 号袖珍战列舰要快。这次海战的情景，总是令人欢欣鼓舞的，而且使我们正在度过的灰暗和艰苦的冬天，轻松多了。这时，苏联政府对我们抱着不满的态度。他们在 1939 年 12 月 31 日在《红海军报》刊物上登载的评论，就是他们报道事实的一个例子：没有人敢说德国丧失一艘战列舰就是英国舰队的辉煌胜利。相反的，这正是英国已经达到了史无前例的衰弱无能的表现。12 月 13 日早晨，德国战列舰开始和"埃克塞特"号重巡洋舰发生炮战，在几分钟以内，就迫使那艘巡洋舰退出战斗。据最近消息，"埃克塞特"号重巡洋舰在驶往马尔维纳斯群岛途中，已在阿根廷沿海附近沉没。

3. 战火烧到中立国

海面上的激战告一段落，望着英国巡洋舰越来越小的身影，兰斯多夫急忙走下舰桥，查看军舰伤势。

他获悉，自己的战舰共被英国巡洋舰命中 20 次：3 枚 203 毫米炮弹；17 枚 153 毫米炮弹；受伤严重。其面包房、饮水器以及燃油过滤装置都遭到损坏，首楼更是被一枚 203 毫米口径炮弹撕开一个大洞，主通道被炸得七零八落。全舰共有 1 名军官和 36 名士兵阵亡，57 名官兵受伤，死者被抬到甲板上，他们的尸体覆盖着帆布，血水横流。

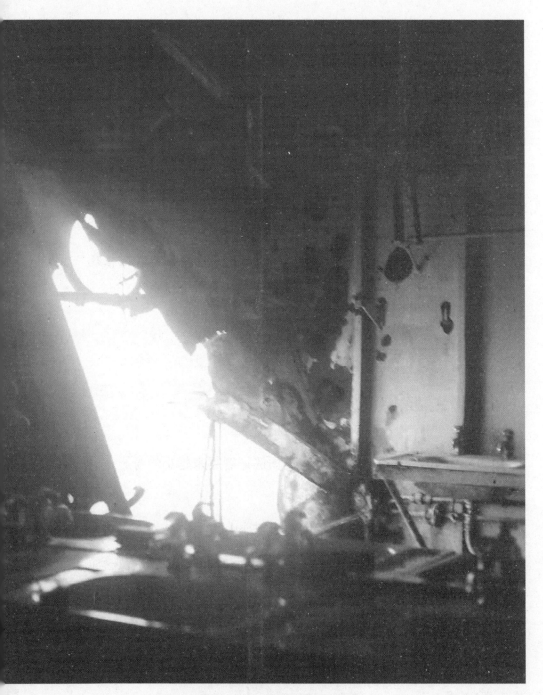

"斯比伯爵"号袖珍战列舰破损的舱室

面对如此惨相，兰斯多夫神情黯然，不忍心再看下去。他转过身来，询问枪炮指挥官，打听关于武器方面的损坏情况。

得到的回答是不容乐观的：此时，"斯比伯爵"号袖珍战列舰在弹药方面还算充足。但是，左右舷的防空炮被炸毁；左舷的150毫米副炮的供弹系统也遭到损坏；而最糟的是，位于主塔桅顶的主炮射控系统因被弹片击中而失效。这门威力巨大的279毫米口径炮是"斯比伯爵"号袖珍战列舰的骄傲——如果没有这门巨炮，哪怕是一艘轻型巡洋舰，"斯比伯爵"号袖珍战列舰也是无法与之相抗衡的。

兰斯多夫知道，敌人的援军随时都有可能到达。如今，返回德国的唯一希望就是：在敌舰援兵到来以前，迅速修理好战舰，特别是主炮，并摆脱敌人追踪。只要"斯比伯爵"号袖珍战列舰能再次隐藏行踪，依然能跟英军周旋。

兰斯多夫踌躇再三，最终决定先驶往乌拉圭首都——蒙得维的亚，修理这艘几乎已经丧失战斗力的舰船。

就在"斯比伯爵"号袖珍战列舰转舵西行、即将进入蒙得维的亚水道之际，观察哨报告：两艘逃逸的英国轻巡洋舰此刻又跟踪上来——哈伍德还是不放心，他怕侦察机跟丢了目标，但又慑于279毫米口径炮的巨大威力，所以仅是远远跟着，并不靠近。

英德交手的消息很快就传开了。英国海军部发表了一份正式公报，简要地说明和德国袖珍战列舰之间的战斗还在进行，断然否认

"埃克塞特"号重巡洋舰已被击沉。

整个西半球群情激愤，因为战争就发生在他们的家门口。各种各样的新闻和谣言从南美洲大西洋沿岸各个城市潮水般地涌出。蒙得维的亚沉浸在一片兴奋和激动之中。战斗的真实情况已成了家喻户晓的事了。各中立国家对于英国的三艘小型巡洋舰居然敢和强大的对手交战很感钦佩。

人们首先从阿根廷海岸上可以看到弹痕累累的"埃克塞特"号重巡洋舰仍向右倾斜着、燃烧着，以慢速航行着。因为贝尔担心他的军舰万一发生意外，便靠近海岸航行，以便一旦有必要就可以抢滩而不致沉没。

从普拉塔河口直到马德普拉塔以南的海岸线上，站着许许多多的观众。从牧场来的一些英国同情者社团组成了一种专门的海岸警卫，在岸上夜以继日地注视着这艘负伤的军舰，以期能给它一些帮助。

阿根廷并不亲英国，但是，整个国家都为"埃克塞特"号重巡洋舰豪迈而默然地向南航行深表钦佩。这种全国一致的情绪促使阿根廷政府以一种殷勤和尊敬的态度致电贝尔，提议"埃克塞特"号重巡洋舰可以使用他们在布兰卡湾的所有设施，包括海军船坞和医院，以便紧急修理破损和救治伤员。这封电报英国海军部也收到了，英国海军部复电阿根廷政府，除表示感谢外，同时提醒对方注意国际法中有关交战双方进入中立国要遭到拘留的规定。贝尔虽然深表感谢，但已经拒绝了这一邀请。

贝尔仍旧待在他已经待了一整天的后指挥所上。"埃克塞特"号重巡洋舰虽然打出了最后一次齐射，并失去了战斗力，但是仍然位于作战海区里。像哈伍德一样，贝尔也同样不了解敌人的意图究竟是什么，只能猜测它可能会干些什么。当"斯比伯爵"号袖珍战列舰向西逃逸时，英国人没有料想到兰斯多夫会驶入中立国的领海，更不用说会驶往中立国的港口。在追赶它的英国军舰看来，"斯比伯爵"号袖珍战列舰并没有遭到严重的损伤。他们深信兰斯多夫会向东北或东南方向突围，驶入大洋。如果"斯比伯爵"号袖珍战列舰能再次隐没在浩瀚的大西洋里，它就能修好破损，最终返回德国。这就是单纯、直率的贝尔所想象到的。

"斯比伯爵"号袖珍战列舰有可能再次和"埃克塞特"号重巡洋舰遭遇。由于贝尔除了咒骂之外已经没有还击的能力了，因此，他心里不免有些担忧，这就进一步增强了他靠近海岸航行的理由。军舰扭曲着，吱吱嘎嘎地作响，前舱还在进水。人们正狂热地在各处从事临时抢修，加固舱壁，封闭洞孔，用手头一切可以用的东西堵漏、灭火。

对于其他损伤也尽可能地进行修理。前中桅仍然是一个令人担心的根源。"埃克塞特"号重巡洋舰装的是老式桅杆，木制的顶桅很高。由于支柱已被打掉，每当军舰摇摆的时候，桅杆就像一根鞭子似的左右摇晃，看上去似乎就要连根折断倒在甲板上，从而造成很大的破坏。贝尔派枪炮官去查看一下，有什么办法可想。在正常情况下，应派人爬上桅顶用绳索把它拉紧固定好，或者把它放倒即可。

但现在证明，这样做是办不到了。他们只好尽可能地把它加固，但是它仍旧令人惊怕地来回晃动着。不过，令贝尔宽心一些的是，桅杆还在那儿竖立着。

在收到阿根廷政府的电报之前，轮机长向贝尔报告了军舰的情况。虽然损失和伤亡令人震惊，以至于还得一昼夜军舰方能扶正，但总的情况毕竟不那么令人担忧了。自然，在此之前，贝尔一直对军舰是否能够安全驶抵马尔维纳斯群岛怀有顾虑。现在，犹如一块巨石从心头落了下来，他下令把航速减为10节。他决定去看望伤员。

验明死者和护理伤员这种令人悲痛和可怕的工作进行了一整天。通过点名的办法查明了阵亡的人数，尽管在某些情况下要验明尸体是不可能的。在一个279毫米炮弹爆炸的地方，满布着尸体。但是，这种困难的善后工作不得不进行下去。死者的遗体被集中起来，放进了临时用帆布赶制出来的裹尸袋。甲板和舱壁进行了冲洗和消毒，贝尔派随军牧师去安排遗体，并准备在日落以前举行葬礼。一队沉默不语的士兵把装着尸体的帆布袋一个一个地抬到后甲板上，并在那儿为帆布袋绑上炉排或其他重物准备安葬。

贝尔在港内使用的住舱位于军舰尾部，舱室很大，通风良好。

他告诉勤务兵把里面的家具搬走，腾出来当医院。因为，战斗医疗救护站依然在忙于给伤员动手术和输血。现在，贝尔来到他原来的这间住舱，对伤员进行短暂的看望和慰问。伤员在这儿排成几行躺着。有些伤员后来不幸死了，另一些伤员的伤势较轻，他们都彼此安慰着。

他在每个伤员跟前都停了一下。有些伤员几乎失去了知觉，另一些伤员感到剧烈的疼痛。但是，他们都是那么满不在乎而心情开朗！没有一个怨天尤人，只是打听战斗的情况和关于敌人的消息。贝尔深受感动，心情振奋地离开了这间舱室。

接近日落时分，舰上举行了葬礼。在西方，极目所至，紫色国土的海岸线南北伸展着。一长列约有 60 多个帆布袋依次排列在后甲板上，死者的脚朝着大海，全都覆盖着英国国旗。牧师穿着白色

"斯比伯爵"号袖珍战列舰停泊在乌拉圭首都蒙得维的亚

的法衣。凡是能够参加仪式的军官和水兵都聚集在四周，而且只要愿意，就可以站在自己朋友的遗体旁。在听到"让我们把他们的遗体托付给大海深处"的话音时，帆布袋将被推出甲板。

当海葬仪式开始时，牧师的声音有点颤抖，但当仪式全部结束、最后一个帆布袋消失在南大西洋蔚蓝色的海水中时，他的声音顿时洪亮起来："他们的遗体安静地下葬了，但他们的名字将永远活在我们的心中！"

在举行海葬仪式的过程中，贝尔站在牧师身旁，帽子夹在腋下，微风吹乱了他的头发。他的两眼望着远方的水天线，看上去像一尊塑像，表情严肃、悲痛，坚毅而不可战胜。仪式结束后，他回到后指挥所。

贝尔从又小又高的孤立平台上，注视着太阳沉没在陆地后面。从他的眼神里，可以看出他忍受着很大的痛苦，但他对别人什么也没有说。他感到，军医上尉在去马尔维纳斯群岛的航途中从没睡过一会儿觉，手头又有许多紧迫的事情要做，不愿意再去打扰他。

"埃克塞特"号重巡洋舰摇摇晃晃地走了，"斯比伯爵"号袖珍战列舰一直以 22 节的速度，小心翼翼地向西航行。午夜过后不久，"斯比伯爵"号袖珍战列舰进入蒙得维的亚港。

当哈伍德明白了"斯比伯爵"号袖珍战列舰竟出人意外地正在进入普拉塔河的时候，他命令"阿基里斯"号轻巡洋舰绕到洛沃斯岛的北面；而"阿贾克斯"号轻巡洋舰则紧跟在德舰后面。但他还

乌拉圭首都蒙得维的亚

是不敢相信"斯比伯爵"号袖珍战列舰会真的逃进中立国港口。

　　普拉塔河口宽达100海里，当中被一个大浅滩分成两个航道。埃斯特角在乌拉圭的东南部，它是一个突入海中的低平狭长陆地。在它的一边，普拉塔河的河水紧贴着沙岸和起伏的沙丘流入大海。在它的另一边，大西洋的拍岸浪几乎直接冲到海滨旅馆大门口。

　　半岛的末端，参差不齐的暗礁向海中延伸长达半海里。一座小灯塔耸立在港口一侧，和航道对面的洛沃斯岛上的一座大灯塔遥遥相对。岸旁有许多明礁和两个小岛。其中一个地势低平，岛上树木茂盛。而另一个岛则是岩石裸露，上面有一座灯塔，灯塔下面的明礁上满布着海豹栖息的洞穴。

由于夜色浓重，逃遁的军舰的身影在暗淡的西方天空下变得越来越难以分辨了。于是，追击者缩短了距离。

鉴于只有两艘军舰能用来封锁整个河口，哈伍德决心不与猎物失去接触，严防它折回，逃入大海。在沉闷的炮声中，这场战斗一直延伸到蒙得维的亚的大门口。

整个普拉塔河北岸沉浸在一片兴奋和沸腾之中。从埃斯特角到蒙得维的亚的公路上挤满了汽车，人们借着炮火的闪光飞快地从一点奔向另一点，抢占有利的观察位置。每一座岩石峭立的山峦，每一个平顶房舍的屋顶，每一座教堂的塔顶，都挤满了使劲向宽阔河口张望的人们。随后，夜幕降临。军舰都不透露灯光，火炮也停止了射击——一种期待的沉寂笼罩着普拉塔河口附近的海岸。

在蒙得维的亚城里，一切如常，战争是如此戏剧性地降临到南美洲的大门口。

英、法两国的大使馆和德国大使馆正在展开积极的外交活动。人们熙熙攘攘，朝漆黑的海面眺望一番，又兴冲冲地回到车里面开始散布新谣言。连英国首相丘吉尔也按捺不住，他首先给哈伍德发了个电报，升了他的职，封了个荣誉骑士称号；要求他把"斯比伯爵"号袖珍战列舰堵在港口内等待支援。接着，他下令召集附近海域一切可以作战的战舰，务必以最快速度赶到蒙得维的亚港，予以增援。

★丘吉尔日记显示了"必杀令"

1939 年 12 月 17 日

如果"斯比伯爵"号袖珍战列舰今天晚上万一突围而出，我们希望以装备 8 门大炮的"坎伯兰"号重巡洋舰来代替 6 门大炮的"埃克塞特"号重巡洋舰，继续进行 13 日那天的战斗。"斯比伯爵"号袖珍战列舰现在知道，我们的"声望"号战列巡洋舰及"皇家方舟"号航空母舰正在巴西的里约热内卢加油。"多塞特郡"号重巡洋舰及"希罗普郡"号重巡洋舰正从好望角驶来，分别需要 3 天和 4 天才能到达此间。在"埃克塞特"号重巡洋舰遭受严重创伤时，幸而"坎伯兰"号重巡洋舰就在马尔维纳斯群岛，可以准备使用。

现在已经采取一切可能想象的戒备，防止"斯比伯爵"号袖珍战列舰的乘机潜逃。并且我已通知哈伍德（他现在是海军准将和荣誉爵士司令），在 300 里以外的任何地点，他可以自由对该舰进行袭击。但我们宁愿让它拘留起来，因为拘留比在战斗中沉没，更有损于德国海军的威望。不但如此，像这一类的战斗，是富于危险性的，而我们绝不应该造成无谓的牺牲。

"希罗普郡"号重巡洋舰

4. 尴尬的乌拉圭

乌拉圭港口管理局很快接到报告：一艘大型战列舰既不挂旗也不显示灯光，摸索着驶进了蒙得维的亚外港。港口管理局立即把这一情况用电话报告给政府首脑和海军司令部。接着，罗德里格茨·瓦雷拉在"科贝塔"号驱逐舰的舰长费尔南多·方坦纳的陪同下，奉命乘"拉瓦里雅"号轻型护卫舰前去调查。

他们的任务是查明来的是什么舰？为什么进港？它有什么要求？舰上有多少人伤亡？其实，"拉瓦里雅"号轻型护卫舰早就处于戒备状态了。因为自从埃斯特角附近的追击战的消息传到蒙得维的亚之后，当这场追击战明显地侵犯了中立国的领海并有愈演愈烈之势时，乌拉圭海军司令部在政府同意下，已做好对付任何进一步侵犯的准备，而且准备必要时不惜动用武力。

实际上，乌拉圭能集结起来的全部海军加上海岸炮兵连，不论是对于哈伍德还是兰斯多夫来说，都是微不足道的。但是，任何海员都知道，这一点无关紧要，因为这是个原则问题。任何舰船及其舰员都得尊重国际法和正确的原则。凡是那些不遵守惯例传统、不像尊重自己那样地尊重别人的人，是不能指挥舰船的。

因此，瓦雷拉情绪高昂地以一个主权国家的充分尊严，伫立在小小轻型护卫舰的舰桥上，向着"斯比伯爵"号袖珍战列舰的巨大黑影接近。

当"拉瓦里雅"号轻型护卫舰离这艘大军舰大约 100 米时，瓦雷拉命令打开探照灯，并且喊道："我们是乌拉圭海军'拉瓦里雅'号护卫舰。你是什么船？为什么不点灯？"

等了一会儿之后，高高的舰桥上有人答话了："我们是德国军舰。这儿的锚地底质好吗？我们可以抛锚吗？"

虽然早已猜到这是一艘德国军舰，但是答话还是使瓦雷拉感到震惊。方坦纳和他一样感到有点惶恐不安。瓦雷拉用有点颤抖的声音回答道："这儿是锚地。你可以在这儿抛锚，锚地底质很好！"

对方表示感谢。接着，传出了向站在舰首锚链旁的水兵们发出的命令声。与此同时，手电闪射出的光束晃动着，指向天空。突然，那艘军舰前半部开亮了灯光，而后半部仍是一团漆黑。两个乌拉圭军官面面相觑，而轻型护卫舰则与"斯比伯爵"号袖珍战列舰并列驶近。只听得舰桥上又响起了声音："我们舰长请你们上舰！左舷正在放舷梯！"

瓦雷拉表示感谢。接着，他命令轻型护卫舰绕到战列舰的尾部，准备由那儿登上后甲板。突然，这艘大军舰上发出响亮的锚链拍击声，接着，沉重的主锚落水了。

在锚链放出了 4.5 米之后，兰斯多夫下令刹住。海面上顿时一片寂静。这是"斯比伯爵"号袖珍战列舰将近四个月来第一次锚泊。军舰在不知不觉地随着水流旋转，巡航从此结束了。

"斯比伯爵"号袖珍战列舰的后半部仍是一片漆黑——由于电缆被打断了的缘故。当"拉瓦里雅"号轻型护卫舰接近"斯比伯爵"号袖珍战列舰的舰尾时，他们看到人们在后甲板上打着手电来回走动。在他们靠上后甲板的舷边时，一个德国军官放下了一根端部亮着一盏无罩电灯的电缆，灯光照亮了绳梯。

瓦雷拉爬上绳梯，并告诉他的舰员在这儿等着，方坦纳跟在他后面也爬上了"斯比伯爵"号袖珍战列舰。德国军官赫获伯格在

"斯比伯爵"号袖珍战列舰甲板上德国水兵列队站立

两名武装士兵陪同下，仓促地试图用正规礼节来欢迎乌拉圭人。但是，德国人头发散乱，疲惫不堪，舵手的头上还缠着绷带。

乌拉圭人登上甲板后，他们双方以正规军礼相见。赫获伯格对他们的突然进港和缺少灯光表示歉意，接着，请他们跟他去舰长室。四个德国人都拿着强光手电，瓦雷拉能够看到躺在后甲板上模糊的人影——由于打了一天仗，他们已经精疲力竭了。

甲板上到处是死伤的人，走起来很不方便。不用细问，瓦雷拉就能知道这次战斗打得多么激烈。他们吃力地跌跌撞撞地走过军舰中部，甲板上到处是碎片，乱七八糟地东一堆西一簇。最大的一堆乱东西就是那架被打坏了的飞机。他们不得不从旁边绕过去或从上面爬过去。不过，他们终于接近了灯光明亮的军舰前部，到达了安全地带。他们走进了前部的上层建筑，穿过了一小块甲板，这里站着一个哨兵。赫获伯格打开了舰长室的门，做了个请他们进去的手势。

舱里只有一名穿着上尉制服的军官在等候他们。这位军官能讲一口流利的西班牙语，被德国人俘虏了，现在他在这儿当翻译。他告诉乌拉圭人说，舰长随时都会从舰桥上下来的。正在他说话时，外面响起了尖利的口令声，有人从扶梯上下来了。

兰斯多夫走了进来。他已经整整一天没有下过舰桥了。他身着毛衣、睡衣、睡裤，脚穿一双高筒靴，外罩一件军上衣，头上被弹片划破了皮，脸上有许多干涸了的血迹，皮肤上凝结着污垢和汗

"斯比伯爵"号袖珍战列舰甲板上放置的阵亡水兵棺椁

溃,左臂也负了伤。

两个乌拉圭人默默施礼,而兰斯多夫则以点头作答,并说道:"晚上好,我是兰斯多夫,'斯比伯爵'号袖珍战列舰舰长。"

瓦雷拉用惊讶的声调问翻译官道:"这是'斯比伯爵'号袖珍战列舰吗?"

翻译官点点头。

瓦雷拉感到头脑有些发胀——他觉得乌拉圭这次麻烦大了。然后,他用正式的口吻讲话。他说,他是乌拉圭政府派出的代表,奉命前来了解这艘外国军舰来这儿的原因,舰上有多少人伤亡,需要提供些什么帮助。

兰斯多夫回答说，今天凌晨，他的军舰与三艘英国军舰发生了战斗，这场战斗一直持续到一个小时之前才停止。当时，天刚黑，一发炮弹打中了舰桥，他也因此负了伤。"斯比伯爵"号袖珍战列舰的伤亡是：死30多人，伤不计其数，其中有一个人眼睛被打坏了，需要紧急医护。

瓦雷拉立刻表示愿意让那个伤员随他们去医院，而且还要做出安排，把其余伤员也送往岸上的医院。

兰斯多夫接着说，他希望能尽快地会见他们的大使。他需要时间，需要乌拉圭政府提供方便，以使军舰尽快恢复航行能力。他的蒸发器被打坏了，厨房也被破坏了。

使瓦雷拉感到惊奇的是，兰斯多夫很乐于谈起这场战斗。他不耐烦地把医务军士推开，不厌其烦地讲述起英国军舰是怎样分散了他的火力。他边说边打手势。他的双手各伸出3个指头，以象征"斯比伯爵"号袖珍战列舰上的两座炮塔。他说，虽然他相信"埃克塞特"号重巡洋舰已被打沉，但是，这场战斗未决胜负。困难在于他有三个对手，他能够有效地对付两艘英国军舰，但是对付三艘敌舰对他来说是太多了。

兰斯多夫讲完后，瓦雷拉居然十分佩服这个德国人。后来，他对兰斯多夫说，他代表他的政府保证把需要协助的事办好；正式访问定于明天早晨进行；如果兰斯多夫舰长由于某种原因希望马上上岸的话，他将派遣一支海军卫队和一辆汽车送他去德国大使馆。此外，他请大家等候明天上午 9 点钟港口负责人的官方访问。

会见结束，兰斯多夫站起身来和两位乌拉圭人握了握手。随后，他们就走出了舰长室。他们来到甲板上，这时，已有几十艘小船、拖船、摩托艇、划艇正围着"斯比伯爵"号袖珍战列舰打转呢。许多离"斯比伯爵"号袖珍战列舰只有几链远抛锚的商船，打开了所有船灯，杂乱的灯光把河面照得一片通亮。汽车川流不息地驶向港口的防波堤，然后调过头来用前灯对着这艘袖珍战列舰，试图照见这艘半海里之外的军舰。

凌晨 3 点 30 分，乌拉圭政府大厦仍然灯火通明。兰斯多夫在德国驻乌拉圭大使朗曼的陪同下，见到了乌拉圭外交部长格尼。

商议了几个小时候，格尼很有礼貌地对朗曼说："阁下，在这一阶段，我们对贵国政府提出的各项请求，只能在国际法的范围内做出允诺。"接着，他对兰斯多夫说："兰斯多夫舰长，到了早晨我将委派一个专家组到你的舰上查明军舰遭受的破坏。我可以向你保证，专家们将以完全中立的态度进行工作。我们将给你足够的修理时间，以使贵舰恢复航行能力。"说完，他微微地鞠了一躬。两位德国人站了起来告辞。

德国人刚走，英国大使德雷克、法国大使金蒂尔又来了。二人提出，根据《海牙公约》第 17 条："交战国中任何一方的军舰在中立国港口或锚地停留修理的时间，不得超过安全出海的需要，而且不准在此期间以任何手段来增强军舰的战斗力。"英国大使提醒乌拉圭政府，按照国际法规定，"交战国的战舰只能在中立国港口停留 24 小时"。

从利益上说，乌拉圭政府和英国有十分密切的经贸关系，大量英国商人也在乌拉圭投资经商，并有着强大的社会影响力。可乌拉圭毕竟是中立国，不愿与德国公开闹翻。因此，精明的乌拉圭政府建议成立一个小组来调查"斯比伯爵"号袖珍战列舰的伤势。

"斯比伯爵"号袖珍战列舰上的德国人的确勤奋。他们不辞辛苦地彻夜清扫军舰、整理舰容、修补窟窿、涂刷油漆，把打坏的东西清除掉，把损伤的部分掩盖起来，还临时赶制了天篷和舷梯。他们一直忙碌，又接到了整理个人军容、注意仪表的指示。天亮后，

"斯比伯爵"号甲板上站满俘虏的英国船员

他们看到舰长、其他军官和值更军官依然精神抖擞地来到甲板上，身穿礼服，脸上刮得净光，准备迎接首批官方来访者。"斯比伯爵"号袖珍战列舰完全变了样，威武而漂亮。

值得一提的是，兰斯多夫特意下令，释放了舰上的英国船员——这些俘虏是在历次袭击中抓获的。战斗爆发时，这些吓得瑟瑟发抖的船员就被关在船舱内，并奇迹般地毫发未伤。

与德国人几乎已经交上朋友的"非洲贝"号货船船长达夫和他的难友们，手里拎着包裹终于被准许走到甲板上来的时候，映入他们眼帘的是雪白的天篷、鲜艳的旗帜、十分讲究的缆索和脚下焕然一新的地毯。

他们在舰上结识的"朋友"最后一次陪伴着他们。在这种时刻，达夫不知道自己是什么样的心情：他们曾经是自己船上的主人，可是他们丢失了一切，几个星期以来，他们成了孤苦无望的囚徒，经历过战斗和危险；而现在，他们自由了。所以，在等候拖轮来接他们上岸的时候，他们不断地摇着头，低声地同纠察长交谈着。他们不属于这艘军舰，也不属于别的舰船。他们将需要花几天自由的时间，从噩梦中苏醒过来。

一个传令兵前来说："达夫船长，我们的舰长想见见你。"

达夫仿佛料到会有这么一次邀请。他点点头，把包裹交给同伴，然后跟着传令兵走向兰斯多夫在港内停泊时使用的住舱。不一会儿，达夫和兰斯多夫又一次会面了。大家都感到这是最后一次见面了。

兰斯多夫就像以前多次会见时那样，主动地说："您好，达夫船长。"达夫赶忙回答道："您好，兰斯多夫舰长！"兰斯多夫脸上露出了亲切的笑容，伸着手快步走上前去："看到您平安无事，我很高兴。"达夫同样真诚地回答说："非常感谢，您为我们尽了最大的努力，愿您多多保重。"

兰斯多夫表示感谢，并请他向别的俘虏们致以良好的祝愿。兰斯多夫一再要达夫别忘了代他向他们问好。接着，他忽然想起来又加了一句："祝他们圣诞节快乐！"

★美洲各国的态度

对于普拉塔河口外的海战，中立的美国与美洲国家曾向英国、法国、德国3国提出了正式抗议，认为此海战侵犯了他们的安全区域。大约在这个时候，又发生了两艘德国商船在美国沿海附近被英国巡洋舰阻截的事件。其中一艘是32000吨的"哥伦布"号邮船，它自行凿沉，船上人员由一艘美国巡洋舰救去；另一艘便逃入佛罗里达州境内的领海中。

对于西半球沿海附近发生这些可恼的事件，罗斯福对丘吉尔表示不满。丘吉尔解释：英国皇家海军为了尊重海上国际法，已经肩负起一个很重大的负担。只要在北大西洋发现了仅仅一艘袭击舰，就出动整个战斗舰队的一半力量，以确保世界贸易的安全。敌人无限制地投放磁性水雷，增加了驱逐舰队和小型舰艇的繁重工作。假如英国皇家舰队由于不胜负担而垮台，恐怕南美洲各共和国立刻就要面临许多更为严重的忧虑，而且美国亦将在转瞬间，遭遇到更多要他自己直接操心的问题。

罗斯福思前想后，觉得丘吉尔说得很有道理，于是站在了英国这边。

第四章

漫长的对峙

★ 乌拉圭政府派往"斯比伯爵"号袖珍战列舰的技术小组包括两名军官,他们就是昨晚访问过这艘军舰的瓦雷拉和方坦纳。虽然他们的报告和建议对兰斯多夫极其重要,可是,舰上的许多损伤被隐瞒了起来,而这应由盖世太保和戈培尔的宣传机器负责。德国人的自大和爱面子,使事情增加了困难。舰上的许多损伤他们只让技术小组潦草地看了一下,还有很多损伤早已掩盖起来了。

★ 两艘军舰上的定向信号灯来回地闪烁着,炮塔在转动。所有这一切都是在悄悄地进行着,命令都是低声下达的,执行得异常迅速。两舰继续以 12 节的速度航行着。每个人都竭力想从暗处辨认出这艘正在接近的军舰。

★ 凌晨三点钟,兰斯多夫上了岸,去德国大使馆和柏林进行再一次也是最后一次通话。也就是在这时,他接受了最后的指令。当他返回军舰后,观察家们看到军舰上加紧了活动。舰上又一次举行了集会,从传出来的声音听起来极像一次政治性集会,而不像舰长在对他的舰员们讲话。今天,"斯比伯爵"号袖珍战列舰必须出航,否则就要被拘留起来。

1. 友谊之光

达夫提到他与兰斯多夫的交往时，一直认为对方是个可敬的对手，他回忆说：

……

他的神思向茫茫的远方驰去，可是，又猛地回到现实中来了："还有什么事我能为您效劳的吗？"

我慢慢地点了点头，说："如果您不介意的话，先生，能告诉我与您交战的英国军舰叫什么名字吗？"

兰斯多夫的目光闪烁着，他回答说："他们有三艘军舰，一艘是'埃克塞特'号重巡洋舰，一艘是'阿贾克斯'号轻巡洋舰，另一艘是它的同型舰。我想肯定是'阿基里斯'号轻巡洋舰了。"

我焦急地问："发生了什么事？他们当中有没有被击沉的呢？"

兰斯多夫摇了摇头，说："……我们重创了'埃克塞特'号重巡洋舰，不过，我最后看到它的时候，它还是浮着的。……我能够对付你们两艘军舰，而三艘确实太多了。"

我轻声问道："您能把战斗经过给我说说吗？"

兰斯多夫点点头："当然可以。"不过，他没有立刻接着往下说，而是走到那张大海图桌边，俯身在普拉塔河的海图上。

达夫、兰斯多夫等人在"斯比伯爵"号袖珍战列舰甲板上

　　我静静地等待着。此刻，那场战斗在兰斯多夫脑海里又重新展现出来。接着，他说："这是一次了不起的战斗，双方都打得很漂亮。我的人——年轻的孩子们和成年人——打得很英勇，他们的勇敢是赞美不尽的。双方都可以声称自己取得了胜利——我想双方也都是这样认为的——实际上也都说对了。英国指挥官是一位很高明的战略家。他一开始就分散了我的火力。我一直集中火力对付他们中最大的一艘巡洋舰，我完全可以把它击沉。但是，那两艘轻巡洋舰却紧紧地咬住我不放，使我不得不一次又一次分散火力。我要对

147 ·

付三艘敌舰，我的眼睛不能忽视任何一艘敌舰。"

他改变了语气，用赞赏的声调接着说："'埃克塞特'号重巡洋舰也真够英勇的。我打坏了它的前炮塔，摧毁了它的舰桥。它燃烧着，失去了操纵，转着'8'字形的圈，可是，它的舰长恢复了操纵，继续战斗。它只剩下一门炮了，还是不停地对我射击！它一刻不停地向我进攻。"我听得心怦怦直跳。

兰斯多夫停顿了一下，打了个手势说："当你碰上这样勇敢的对手，心中就没有仇恨，而只想握手讲和了。'阿贾克斯'号轻巡洋舰和它的姊妹舰就像驱逐舰那样地向我冲来。不过，他们的153毫米炮未能给我造成大的损失。于是，就试图对我施放鱼雷。他们一共发射了10枚鱼雷，有些离得很近。我当时自言自语地说：'除非他们有大舰作后盾，要不怎么敢这样做呢？'……"

他再次停顿了一下，接着说："……是的，……我意识到他们正在把我赶到大舰的火炮射程里面去。"

他打住了话头，可仍旧在看着海图。我虽然在等他讲下去，但显然他已讲完了他所要讲的话。最后，我问道："现在您打算怎么办呢，舰长？"

兰斯多夫第一次显得有些不自然。他直起身子回答着问题，好像他正在向公众发表声明似的："我已请求乌拉圭政府允许我们在这儿进行必要的修理，这是国际法允许的。现在，他们已派了一个技术小组来舰。我的厨房被摧毁了，储藏室也给打掉了，我没法给舰员们提供吃的。"他犹豫了一下，接着以同样的口气说："我不能把我的舰员送到海上去白白牺牲。"忽然，他感到刚才说话的情绪不大对头，于是，抑制住了自己的感情，振作了一下，换了一种十分郑重的口气说："噢，我想你们是不是该走了？"

我只好点头。兰斯多夫拿起放在海图桌上的两条印着"斯比伯爵"号袖珍战列舰金字的水兵帽上的黑色缎带，抚弄了一会儿，然后突然交给了我，说："拿着它……这是我两个阵亡的水兵留下的……做个纪念吧！"

我不知说什么，艰难地道："非常——感谢。"

这时，房门打开了，凯走了进来。他向我点了点头，说："乌拉圭政府的技术小组已经检查完毕，就要走了。"

兰斯多夫点点头，招呼他的勤务兵进来帮他把皮带和短剑挂好。我站起身来等着和他告别，但兰斯多夫这时似乎已经忘了我还在这儿。只是当他拿起帽子时，才看到我，于是他说："再见了，船长。我们可能不会再见面了。"

……

乌拉圭政府派往"斯比伯爵"号袖珍战列舰的技术小组包括两名军官——他们就是昨晚访问过这艘军舰的瓦雷拉和方坦纳。虽然他们的报告和建议对兰斯多夫极其重要，可是，舰上的许多损伤被隐瞒了起来，而这应由盖世太保和戈培尔的宣传机器负责。德国人的自大和爱面子，使事情增加了困难。舰上的许多损伤他们只让技术小组潦草地看了一下，还有很多损伤早已掩盖起来了。

昨天晚上，他们看到的损伤只是极小一部分，给人的突出印象是在人员伤亡方面。德国人耍了花招，似乎主要的损失只不过是厨房和储藏室给打坏了，而比这严重得多的损失，如蒸发器等则绝口不提。有几处无法掩饰的、特别是靠近水线的命中，德国人自己认为无关紧要而不予考虑。技术小组直到快要离开的时候，还真的认为损伤实际上并不严重。

技术小组的登舰和离舰，都受到了一个强国对另一个强国那样的隆重接待。尽管德国大使在岸上曾经试图威吓过乌拉圭大使，但是，兰斯多夫作为一个以德意志帝国海军传统培养出来的海军军人知道自己该怎么做。他和他的军官们，还有一支仪仗队，在后甲板的舷梯旁迎候乌拉圭政府的代表。

礼节完毕后，兰斯多夫和瓦雷拉交谈了一会儿。他说，他的军舰需要在港内修理两个星期，他想知道乌拉圭政府能批准他在港内停泊多长时间，并说，军舰的命运就取决于这次停靠的时间。

瓦雷拉却得出了完全不同的结论。他尊重兰斯多夫舰长，但是，由于他并不了解事情的全部真相，因此，在他看来，没有理由需要改变自己的看法。他是一个原则性很强的人，和他们政府里别的官员一样，他始终按照真正的中立精神行事。他回答兰斯多夫说，他无权决定批准他们在这儿修理多长时间。他的任务只是向政府报告情况，以便他们做出决定。兰斯多夫点点头，然后走回他的军官们站立的地方。

双方再次互相敬礼后，乌拉圭人就返回了"拉瓦里雅"号轻型护卫舰。当"拉瓦里雅"号轻型护卫舰离开"斯比伯爵"号袖珍战列舰时，他们笔直地站在舰桥上致礼告别。和德国人一样，技术小组的军官们也都穿着全套礼服，佩戴短剑。

乌拉圭技术小组回到岸上时，英国大使与法国公使正商量着：根据国际法，交战国的军舰在任何中立国港口的停泊时间不得超过24小时，否则就要被扣留。除此之外，那就要取决于紧急条款了。如果德国人想援引这项条款，请求延长时间以修复破损恢复运航能力的话，英法就要运用一切可能的手段和压力去抵制它。

同盟国对乌拉圭政府施加了最大的压力，要求把"斯比伯爵"号袖珍战列舰赶走。同样，德国方面也在对乌拉圭政府施加压力，要求延长它的军舰在这里的停留时间。

对乌拉圭政府来说，可以选择的另一种办法就是实行拘留。不过，乌拉圭政府的愿望是尽快地和有礼貌地摆脱这个不速之客。尽管从国际法的严格意义上说，"斯比伯爵"号袖珍战列舰必须在24小时终了时（即翌日傍晚日落后）离港。但是，国际关系上的一定礼仪也是必须遵守的。

第二天晚上7点还差几分钟，英国大使米林顿·德雷克又拜访了乌拉圭外长格尼。当他离开的时候，德国大使朗曼和兰斯多夫已经在外面接待室里等着了。

这位英国大使装作不理睬那两个敌对者，但是在从他们身旁走过的时候，还是对这位德国舰长偷偷地瞟了一眼：兰斯多夫穿着正式访问用的挂着金肩章的白色礼服。德国大使坐着，而这位德国海军军官却笔直地站在那儿，目光凝视着前方。他唯一的动作就是用手轻轻地叩击着剑柄。

虽然米林顿·德雷克穿过他的视线，然而，他目不转睛，毫无看到他的表示。也许他真的没有看到他，因为兰斯多夫的目光正射向远方。事后，米林顿·德雷克承认，兰斯多夫给他留下了深刻印象。这位舰长的富于博爱精神和高超的航海技术已使他名扬天下。现在，他站在这儿，显得瘦削，热情，脸色苍白，而且比米林顿·德雷克意料的更为年轻。这个英国人在思忖：现在，兰斯多夫的脑海里正在思考些什么呢？

刚好晚上7点整，朗曼和兰斯多夫被请进了格尼的房间。格尼相当圆滑，从办公桌上找出来一份特别的文件，然后大声读了起来："昨天清晨，在埃斯特角附近，发生了一场海战。德国'斯比伯爵'号袖珍战列舰与三艘英国巡洋舰——'埃克塞特'号重巡洋舰、'阿贾克斯'号轻巡洋舰和'阿基里斯'号轻巡洋舰进行了战斗。在这场战斗中，德国战列舰取得了重大的胜利。英国'埃克塞特'号重巡洋舰被打得粉碎，另外两艘英国巡洋舰仓皇逃窜。而'斯比伯爵'号袖珍战列舰仅仅在无关重要的部位中了几发炮弹。"

兰斯多夫听到这里，忽然瞟了他的大使一眼。大使急忙打断了格尼的话，说："那不对。'斯比伯爵'号袖珍战列舰已遭受重创，它已经失去了航行的能力。"

格尼装出一副吃惊的神色大声说："可我这是引自贵国政府的官方公报呀！是引自贵国官方通讯社——德意志新闻社——今天格林尼治时间 13 点 15 分播发的新闻呀！"

朗曼苦笑，极力解释说："阁下，您一定明白，战争中官方发布新闻的时候，总要照顾到人民的心理，保持军队的士气吧！这……"

格尼微笑，突然问兰斯多夫，说："兰斯多夫舰长，您对您的军舰所受的损伤是怎么估计的呢？"

兰斯多夫认真地考虑了一下，然后说："我的厨房被摧毁了，我没法为舰员们开饭。至于别的损伤，我已经都让您派去的技术小组一一看过了。"

格尼点点头，仍旧面对兰斯多夫回答道："我已经接到他们的报告了。您说说看，您的军舰需要多长时间才能恢复航行能力呢？"

这是一个开门见山的问题，需要明确的答复，兰斯多夫皱起眉头盘算着。在他回答之前，朗曼抢先肯定地说："我估计需要两三个星期。"他停了一下："至少需要两个星期。"

格尼说："我的技术小组建议说，只需要 48 小时就行了。"

这简直是当头一棒，兰斯多夫尖声说："阁下！光是上层建筑就被炮弹命中了 64 处之多！"

被英舰炮弹击穿的"斯比伯爵"号袖珍战列舰侧舷

　　格尼默默地看了看他面前的报告，回答说："这上面说有 65 处。"

　　两个德国人极其惊愕地交换了一下目光。格尼站起身来，用极为郑重的口气说："根据这份报告里的建议和贵国政府援引国际协定紧急条款提出的延长 24 小时停泊时间的请求，我国政府决定：同意延长停泊时间 72 个小时，也就是再给 3 天，以便使你们的军舰'斯比伯爵'号袖珍战列舰恢复适航能力。停泊终止时间是：12 月 17 日，即本星期天 20 点——"他稍停了一会，接着说："但是，根据《海牙公约》第 13 条的规定，禁止对军舰进行任何可能增强其战斗力的修理。"

　　兰斯多夫什么也没有说，因为这对他来说无疑是一份死刑判决书。

朗曼异常愤怒："我提出最强烈的抗议！"

格尼冷冷地回答说："我记住了您的抗议。"于是，按铃让秘书送客。

★英国海军的动作

"斯比伯爵"号袖珍战列舰滞留乌拉圭的时候，英国海军部对歼灭它还是心存顾虑，当时专门负责猎杀的搜索舰队广布分散在各处，没有一个舰队是在距离战区540海里以内。在北方，包括"声望"号战列巡洋舰及"皇家方舟"号航空母舰的"K"搜索舰队，尚在670海里外。在北面更远的地方，"海神"号巡洋舰和三艘驱逐舰刚和法国的"X"搜索舰队分开向南驶去，以便同"K"搜索舰队会合。所有舰队，都奉命驶往乌拉圭。

在大西洋的另一端，"H"搜索舰队正在返回好望角途中，准备在该处增添燃料。"多塞特郡"号重巡洋舰在开普敦可以立即调用，它便立刻奉命去增援哈伍德，但相距尚有1300多海里的航程。后来又有"希罗普郡"号重巡洋舰跟着出发。

此外，为了防范"斯比伯爵"号袖珍战列舰可能向东南逃逸，在德班的"I"搜索舰队，包括"康沃尔"号重巡洋舰、"格罗斯特"号重巡洋舰以及来自东印度群岛基地的"鹰"号航空母舰在内，也在往乌拉圭赶。

2. 新的铁三角

"斯比伯爵"号袖珍战列舰停靠第二天的晚上 10 点钟,"阿贾克斯"号轻巡洋舰上的瞭望员突然报告说:"左舷 38°,发现一个模糊的目标。左舷 38°!"

"阿贾克斯"号轻巡洋舰和"阿基里斯"号轻巡洋舰此时正接近到离蒙得维的亚只有 4 海里的距离,以便"斯比伯爵"号袖珍战列舰一出来,就可以发现。两舰正在巡航,彼此相距八链。这是一个漆黑的夜晚,但是,天气晴朗。

在目前情况下,"斯比伯爵"号袖珍战列舰是完全不可能溜出去的。但是,这艘船——如果是一艘船的话——正从东南方向朝这儿接近。它没有显露出一点儿灯光,毫无疑问是一艘军舰。由于声音在夜晚的海面上能传得很远,所以,瞭望员用很低的、预示不祥的声调报告说发现了情况。

虽然军舰处于巡航状态,伍德豪斯舰长还是待在舰桥上。自从来到蒙得维的亚港外的这些夜晚,他大部分时间都睡在舰桥上。"阿基里斯"号轻巡洋舰舰长帕里也是一样,由于双腿过分僵痛以致无法入睡,他在"阿基里斯"号轻巡洋舰的舰桥上放了一张躺椅,困了就在那儿打个盹。尽管他的伤口依然疼痛,但恢复得还不错。他虽然不能过多地活动，但还是能在舰桥周围走动走动。

听到报告，"阿贾克斯"号轻巡洋舰舰桥上所有的望远镜都朝左舷看去，枪炮控制塔开始转动。报告得到了证实，它是一艘从英吉利浅滩向这儿接近的大型军舰。这时，哈伍德接到了发现一艘奇怪的军舰的报告，来到了舰桥。伍德豪斯轻声地命令道："发出战斗警报，准备发出识别信号。"他对信号军士说："通知'阿基里斯'号轻巡洋舰：'发出战斗警报，左舷38°，发现一个模糊的目标。'"

两艘军舰上的定向信号灯来回地闪烁着，炮塔在转动。所有这一切都是在悄悄地进行着，命令都是低声下达的，执行得异常迅速。两舰继续以12节的速度航行着。每个人都竭力想从暗处辨认出这艘正在接近的军舰。情况紧张得简直令人窒息。突然，枪炮官在控制塔里通过话管向舰桥报告："目标！"并向各个炮塔下达了装填炮弹、准备射击的命令。

哈伍德站在伍德豪斯的身边，和大家一样，用望远镜观察着。所有这一切准备工作仅仅用了不到一分钟的时间。枪炮官低声而清楚地报告说："舰长先生，射击准备完毕！"

伍德豪斯看了哈伍德一眼。哈伍德点了点头，回答说："好的，枪炮官。"接着，他对站在他身旁的信号军士下令道："发出识别信号！"

这是一个极其惊险的时刻。信号军士把手放在刚才用它向"阿基里斯"号轻巡洋舰发信号的那盏定向信号灯上，将灯稍稍抬高了一点，对准那艘奇怪的军舰发出一组短信号。大家屏住呼吸，只觉得信号灯的"咔嗒"声特别地响。信号军士发完了信号，人们在期待着，回答的会不会是对方的一阵全舷齐射的炮火呢。枪炮官把大拇指放在发射铃钮上。紧接着，黑暗中一盏信号灯闪烁起来，发来了回答信号。

信号是用英文发的，报文是："'坎伯兰'号重巡洋舰向'阿贾克斯'号轻巡洋舰致以歉意。不过，我是这儿的陌生人。"就在同一时刻，枪炮控制塔里报告说，已经辨别出那个奇怪的目标是一艘有三个烟囱的巡洋舰。

在一阵宽慰的喧闹和打趣之后，哈伍德说："这真是个奇迹！"

而在"阿基里斯"号轻巡洋舰上，却以一种不完全相同的方式表达了这种同样的想法。富有浪漫色彩的现实主义者沃什伯恩对帕里说："'坎伯兰'号重巡洋舰真是不简单！如果'斯比伯爵'号袖珍战列舰出来的话，它将成为第一号目标了。在它对'坎伯兰'号重巡洋舰攻击的时候，我们就可以插进去，用鱼雷对付它。"

"问问它，怎么能用 35 个小时走完 1000 海里航程的。"哈伍德惊讶地大声说道。他直到如今还不大敢相信那艘 203 毫米炮巡洋舰现在真的来到了普拉塔河，归他指挥了。于是，又发出了信号。"是'坎伯兰'号重巡洋舰的回答，长官。"信号军士报告说。

"坎伯兰"号重巡洋舰的舰长作风简练，他的回答就是证明："提前行动。"

有三个烟囱的"坎伯兰"号重巡洋舰

受损的"坎伯兰"号重巡洋舰——这艘拥有8门203毫米口径的重型巡洋舰，居然顾不得修理了，拖着还未完全修复的桅杆，冒着浓烟，从马尔维纳斯群岛以最快速度驶来，至此，三艘英国巡洋舰把蒙得维的亚港围了个严严实实。

在蒙得维的亚港外长时间的监视过程中，哈伍德每天晚上都把军舰开近港口，一到天亮就后撤四十海里。到了星期五早晨，又有了三艘军舰在他的指挥之下，他第一次感到心情安闲了一些，他们撤至普拉塔河口。"坎伯兰"号重巡洋舰正在英吉利浅滩以南巡逻，"阿基里斯"号轻巡洋舰在北航道担任警戒，而"阿贾克斯"号轻巡洋舰则在离埃斯特角只有几海里的洛沃斯岛南面漂泊。

哈伍德此刻已经是稳操胜券，海军部又传来嘉奖令，电文如下：

"为了表彰'阿贾克斯'号轻巡洋舰、'阿基里斯'号轻巡洋舰和'埃克塞特'号重巡洋舰在同德国'斯比伯爵'号袖珍战列舰的战斗中取得了举世公认的辉煌战绩，海军大臣要我通知您，陛下已愉快地授予亨利·哈伍德准将为最尊贵的高级巴思爵位，授予'阿基里斯'号轻巡洋舰的舰长帕里、'阿贾克斯'号轻巡洋舰的舰长伍德豪斯和'埃克塞特'号重巡洋舰的舰长贝尔为普通巴思爵位。哈伍德准将并晋升为陛下舰队的少将司令官。命令生效日期为12月13日，即战斗发生的那一天。"

英国人高兴的当口，兰斯多夫却在为"斯比伯爵"号袖珍战列舰的死者举行葬礼。此消息引起了各方面的关注。

　　五十几个重伤员已在前一天早上转送上岸，他们在蒙得维的亚最好的医院里受到良好的医护。城里的德国侨民就像对待自己的孩子那样照看这些年轻士兵。"斯比伯爵"号袖珍战列舰起航的时候，他们就要被拘留起来。当然，这是一种待遇较好的拘留。这些"斯比伯爵"号袖珍战列舰上的年轻舰员在乌拉圭引起了好奇和同情。虽然战争是由这些年轻士兵进行的，但并不是他们发动的。在敌对行动结束以后，他们中许多人将留在乌拉圭，成为这儿的公民。这天下午，他们36名牺牲了的同伴，将安葬在战时的英国公墓里。

哈伍德

盖着纳粹党旗的一长列棺材装在驳船的甲板上，在仪仗队的伴随下运抵岸边。人群早已等候多时了。宽大、暗黑、西班牙风格的枢车装饰着象征荣誉的花卉和十字架，在阳光照耀下，显出乌檀木的颜色。

当拖船把几百名参加葬礼的年轻水兵运上岸的时候，人群中的激动情绪和同情心更加强烈了。这些水兵穿着雪白的军上衣，戴着白色军帽，佩着黑色的绶带，穿着蓝色的喇叭裤和黑皮鞋，一个个仪表堂堂，很有生气。

接着，兰斯多夫和所有的军官都身穿白军装，佩着短剑，也陆续上岸了。乌拉圭政府已经批准送葬队伍可以穿过市区去公墓。于是，送葬队伍开始组成。每个鲜花覆盖的棺材由六名年轻水兵护卫，根据仪表挑选的一名一等水兵或军士走在中间。几百名德国血统的乌拉圭人或德国同情者参加了送葬的行列或聚集在墓地。队伍途经的道路两旁簇拥着成千上万持中立态度的男男女女，有的出于好奇心，而更多的是出于对死者的年轻、勇敢和理想表示悼念之意。

德国人的葬礼安排是着眼于宣传和企图博取人们的普遍同情。摄影记者和新闻纪录片的摄影师们忙得不亦乐乎。但是，在兰斯多夫主持下，葬礼从头至尾进行得十分庄重和得体。只是后来由于纳粹宣传人员在照片和报道中做了手脚，才歪曲了事实真相，使崇高的感情被贴上了劣等的标签。蒙得维的亚在这一天里，既没有敌意，也没有谎言，人们只是想到那些死去的水兵。

兰斯多夫为"斯比伯爵"号袖珍战列舰上的死者举行葬礼

　　许多人好奇地看到，在行进着的送葬行列里，有一批曾经被"斯比伯爵"号袖珍战列舰囚禁过的英国商船上的高级船员。达夫船长、斯塔布斯船长和别的船员都来了。他们是自愿参加的，因为他们都是海员，他们希望能向曾经在同一艘军舰上待过的、已经死去的年轻水兵致以最后的敬意。在这场可怕的战斗中，他们曾经面临过死亡。参加葬礼这件事，他们事前并没有加以讨论，并不是一次协商一致的行动，更没有人去组织过。

　　只是在英国俱乐部里，一个人曾对另一个人说："你去不去？……我是去的……他也去……"这批人庄严地来到英国公墓。他们中一些人把有幸得以保存下来的最好的海员制服穿在身上，而另一些人像达夫船长那样则穿着半新的朴素的蓝哔叽服装。当时，笼罩着他们心头的只是一种适度的忧伤和全人类共有的类似亲属似的感情。

　　兰斯多夫的外表和品格给人们的印象和往常一样。他和他的军官们走在队伍最后面，为的是让那些死去的水兵充分享有他们应得的荣誉。仪式完毕后，他和德国大使一同乘车去德国大使馆，在那儿他们开了几个小时的会。

　　德国大使朗曼和乌拉圭外长格尼之间发生了一场暴风雨般的争吵，双方唇枪舌剑各不相让。朗曼一方面指责格尼的部下有亲同盟国的情绪，另一方面要求立即解除对运来供修理用的装备器材的禁令，以便在强加给他们的限期里完成正当的修理工作。最后，格尼出于尽快让"斯比伯爵"号袖珍战列舰离开的心情，答应和海关关长商量。钢板终于在傍晚时分获得了放行的许可。

可是，解除禁令的问题刚刚解决，格尼才从烦乱中得到一点宽慰时，突然法国大使一本正经地要求立刻和他会见，并通知他：由于法国"科特·阿聚尔"号肉类冷藏船已于 18 点起航去里约热内卢，法国政府要求乌拉圭外交部禁止"斯比伯爵"号袖珍战列舰在该船离港后 24 小时以内出航，如果必要时应使用强制手段。

被烦恼折磨着的格尼却答复得十分合乎情理。他说，据他所知，"斯比伯爵"号袖珍战列舰根本不打算在 24 小时内出航。但是，如果它硬要开走，他也阻止不了。虽然有一艘乌拉圭海军巡逻艇在这艘战舰旁边监视它，以便不让它违反协议中的有关技术规定，可是，这怎能阻止它开走呢？

令这位外交部长为难的是，法国大使坚持要他把这个新情况通知兰斯多夫，而且要乌拉圭政府对"斯比伯爵"号袖珍战列舰任何违反 24 小时规定的行为负责。格尼只好无可奈何地耸耸肩，把这份照会送交德国大使馆转交给兰斯多夫。

★英国肯特级重巡洋舰

"坎伯兰"号重巡洋舰属于英国肯特级重巡洋舰。该级舰官方的称呼是"条约级重巡洋舰""万吨级重巡洋舰"和"郡级重巡洋舰第一批"。但是由于其装甲薄弱，所以又被私下蔑称为"白象""白色的坟墓"和"薄皮"。万幸的是英国在第二次世界大战爆发前将该级舰进行了彻底的现代化改装，加装了附加装甲并提升了防空能力。该级舰还有两艘出售给澳大利亚。

肯特级重巡洋舰同型共7艘："肯特"号、"贝里克"号、"坎伯兰"号、"康沃尔"号、"萨福克"号、"澳大利亚"号和"堪培拉"号。该级舰中的"澳大利亚"号和"堪培拉"号两艘出售给澳大利亚皇家海军。

3. 英国人的诡谲

英国人和法国人都很担心"斯比伯爵"号袖珍战列舰不守约突然起航。

当晚，英国外交官又拜访了乌拉圭外长格尼。格尼并没有当即表态承担义务，而是耐心地说："如果我能和国防部长用电话协商得通，今晚我会给你们一个圆满的答复。"于是，他着手联系。尽管他没有公开支持英国人的要求，但他认为他们的要求是合理的。

可是，出乎意料，乌拉圭国防部长却审慎地拒绝了这个要求。他声称，他准备做的充其量只能是让已经停在"斯比伯爵"号袖珍战列舰近旁的海军警戒艇继续留在原地。

当格尼把国防部长的意见告诉了英国人之后，双方都没有言语。格尼似乎已经悟出了其中的奥妙，用一种令人感到文雅的目光探询着他们。这时离午夜只差 5 分钟。英国人感到已经没有什么可谈了，便互相看了一眼，站起身来准备告辞。格尼也站了起来。不过，脸上依然带着一种探询的神色。在他们告别之前，他突然说："亲爱的米林顿·德雷克！"

米林顿·德雷克谦恭地回答说："部长先生，还有话吗？"

格尼的目光对着他的老朋友，接着说："为什么你和你的盟友现在试图推延'斯比伯爵'号袖珍战列舰的出航日期呢？请解释一下改变看法的原因好吗？"

"喔，阁下，"米林顿·德雷克迅速地回答说，"没有改变看法啊！"

格尼对这个答复考虑了一下，作为一个行家里手反问道："没有吗？"转瞬间，他的眼睛和嘴角上露出了一丝微笑。于是，仪表堂堂的英国大使原来毫无表情的脸上出现了同样的微笑，回答说："没有，部长先生，这是战略上的改变。"

其实，兰斯多夫获悉英国"坎伯兰"号重巡洋舰从马尔维纳斯群岛赶来，加入了"阿贾克斯"号轻巡洋舰和"阿基里斯"号轻巡洋舰的行列。此外，蒙得维的亚城内还纷纷谣传，说载有 60 架飞机的"皇家方舟"号航空母舰和装备了 6 门 381 毫米大炮的"声望"号战列巡洋舰已守候在普拉塔河口，准备随时击沉"斯比伯爵"号袖珍战列舰。兰斯多夫很紧张，也加紧了战舰修理工作。他出高价邀请当地最大的船舶修理厂为"斯比伯爵"号袖珍战列舰进行修理，却遭到了该厂经理的拒绝。原因很简单——他父亲是法国人，某位亲戚也曾死于德军之手。

这样的结果实在令人尴尬，兰斯多夫陷入了进退两难的境地：一方面，他希望尽快出港，再这样拖延下去，蒙得维的亚港外不知道又要集结多少英国军舰了；另一方面，他的战舰因无法得到有效修理，行驶出去也是死路一条。

无奈之下，兰斯多夫只好硬着头皮，拍了一封电报给德国海军总部征求意见。

其实，这是一封几近绝望的求救信，雷德尔收到信后也相当犯难。当晚，在脸有愠色的海军总司令雷德尔主持下，德国海军的首脑们聚集在一起，就"斯比伯爵"号袖珍战列舰事件商量对策。现在，留给兰斯多夫的，似乎仅有三条路可以选择了：一、接受乌拉圭当局拘留。二、做战斗突围，航驶到邻近国阿根廷。据说，阿根廷是亲德的，在那里，可以得到更好的待遇。三、自沉战舰，并破坏舰上一切设施。

德国海军部全都是不愿承担责任的老滑头。因为，就现在的处境看，以上三个选择对"斯比伯爵"号袖珍战列舰都相当不利。

经过激烈的争论，德国海军参谋部最终决定如下：授予兰斯多夫全权处理权。理由是：兰斯多夫乃现场指挥官，他比任何人都要了解情况。

拥有6门381毫米大炮的"声望"号战列巡洋舰

雷德尔乘车赶往总理府。他打算把德国海军部最终的裁决计划告知希特勒。在这里，雷德尔道出了他的真实想法。他认为："军舰被乌拉圭政府扣留绝不可行！"这个"中立"政府是没有一点公正立场的。他们肯定会把"斯比伯爵"号袖珍战列舰上的秘密武器转交给英国政府。英国人也是千方百计想要得到技术，特别是"斯比伯爵"号袖珍战列舰的战斗桅楼。突围如若无望，那么自沉战舰，破坏舰艇上的一切设备，是最好的选择。

希特勒表示同意雷德尔的看法，但他更希望"斯比伯爵"号袖珍战列舰做战斗突围。在他那充满想象力的脑袋里，他盼望那些英勇的水兵奋力一搏，尝试突围，如有必要，与强敌奋战并光荣沉没。这是何等伟大……

希特勒就这样滔滔不绝地一直说下去。最后，他把一只手放在雷德尔肩头，满腹哀伤地说："海军元帅先生，我完全理解你的感情。相信我，对于这艘舰和其士兵的命运，我和你一样感到痛心。这是战争，如果需要，人必须学会残酷。"

再说"埃克塞特"号重巡洋舰，贝尔舰长历经千辛万苦终于赶到了马尔维纳斯群岛的海岸。军舰受到了地方长官和当地居民的热情接待。在3天航行中，机械人员一直不停地在舰桥、舵房和机舱之间修理电罗经、电话和通信设备，终于在到达目的地前一天晚上取得了很大的进展。罗盘恢复了正常工作，通信联络也恢复了正常状态，从而为贝尔重新回到前舰桥进行正常指挥创造了条件。由于

舰载机从"皇家方舟"号航空母舰上飞过

全体舰员夜以继日地努力工作，终于使他们的舰长在战斗后第一次靠岸时，能够回到舰桥上指挥军舰。

在马尔维纳斯群岛，贝尔收到第一海务大臣发来的命令，要他抓紧时间抢修军舰，尽快地恢复航行能力，然后从速返回英国本土。在随后的 36 小时里，贝尔、地方长官、马尔维纳斯群岛的每一个人都和世界其他地方的人一样，一直围在收音机旁，一小时接一小时地收听描述发生在蒙得维的亚的这出戏剧性事件的广播。在这一事件的广播报道中，有一个声音越来越占主导地位，这就是在蒙得维的亚现场广播的迈克（很有可能是英国间谍）的声音：

"乡亲们，今天是 12 月 16 日，星期六。这儿是南美洲大城市蒙得维的亚，现在是晚上将近 9 点 15 分。我们听说，现在纽约正刮着暴风雪，但在地球的这一边却是美好的夏日傍晚，半数居民都出来散步了。就在我说话的当儿，在我目力所及的地方就足足有几十万人。他们成群结队地聚集在码头和港口的防波堤上，挤在海滩上和簇拥在城市各幢高楼的顶端。而且，当我扫视四周时，我发现还有很多人正如潮水般地向这里涌来。他们是来观赏'斯比伯爵'号袖珍战列舰这出独一无二的戏剧的下一幕表演的。我一直在和蒙得维的亚的公民们交谈，而且就在我的近旁还站着几个人，他们将为听众们提供事件背景的独家新闻。比如说吧，这一位是卡休洛先生，德国大使馆的园林工人。往前面来，卡休洛先生！请你给我们的成百万美国听众讲几句话吧……"

但是，等了很长一会儿，所有渴望着的听众听到的却是一声低沉的"哈罗"，接着就传出了一阵西班牙语的推辞声。播音员急忙接过话筒插话说："有消息人士向我们提供说，兰斯多夫上校，就是'斯比伯爵'号袖珍战列舰的舰长，昨天晚上拜访了德国大使馆，他和大使同柏林，很可能是同希特勒本人通了话。这次高级人物的政治讨论现在可能还在继续进行，因为最近有消息说，英国和它的盟国正在普拉塔河口集结庞大的兵力。这样一来，这艘德国袖珍战列舰的命运，这个德国海军的骄傲，还前途未卜呢！我身边还有一位业余无线电爱好者……先生，请问您的尊姓大名？"

这一个发言者却毫不胆怯，显然已大胆地紧紧抓起了麦克风，提高了嗓门雄赳赳地讲开了："我是托里斯！哈罗！美利坚合众国的业余无线电爱好者们！我每天晚上从我的无线电中……"他的大胆和口若悬河，使迈克感到很是意外。迈克接过话筒说："谢谢你，谢谢你！乡亲们，这位是托里斯先生。这位年轻人无意之中从

电台广播的现场

自己制造的短波收讯机里截收到了德国大使馆和柏林之间通信时的秘密信号。虽然他的妻子明纳是德国血统的……明纳，你来讲几句吧！……"

明纳倒也挺爽直："哈罗，听众们！我是乌拉圭的第二代移民，是个善良的民主主义者。我的祖父是奥地利林茨人。哈罗！我有个亲戚西娜在明尼阿波利斯！你们听得见吗？"

迈克接着说："谢谢你，明纳！听众们！刚才我提到过，虽然这两个年轻人懂德语，但是德国大使馆发往柏林的电讯是用无法窃听的密码拍发的。所以，他们也就不了解拍发的内容。现在我们请国际上有名的歌星多洛雷斯……你好小姐！……她同意出场……"

等了好一会儿，只听见一阵轻微的脚步声和西班牙语的争吵声。迈克接着说："看来她不能为我们表演了。即使在蒙得维的亚，也不能让顾客们久等的嘛。哈！哈！现在，自从太阳落下波光粼粼的普拉塔河已经一个多小时了。但是，天色还很明亮。而最明亮的地方是这艘巨大的袖珍战列舰四周。'斯比伯爵'号袖珍战列舰在夜以继日地进行抢修。从下午到晚上，我一直用望远镜对着它，舰上活动频繁。首先，我看到几百名军官和水兵在后甲板集合……看来是在举行某种会议。但据我看来，这并非是一次纪律严明很有秩序的会议。谁也不知道会上做出了什么决定，谁也不知道今天他们对希特勒说了些什么，而今天晚上又会对他说些什么。但是，经常有一些汽艇和驳船穿梭般地往返于袖珍战列舰和停在离它只有几百米远的'塔科马'号德国商船之间。这艘德国商船是在'斯比伯爵'号袖珍战列舰来到之前就停在港里的……我没有看清楚汽艇是往'斯比伯爵'号袖珍战列舰上运东西呢，还是往下卸东西……这是什么？先生，你看见了什么？噢。对了！……他们刚才告诉我说，'斯比伯爵'号袖珍战列舰正在把沉重的装备转装到靠在舷边的两艘拖船上去。"

"毫无疑问，这是从布宜诺斯艾利斯运来的修理战斗损伤的焊接设备。乡亲们！'斯比伯爵'号袖珍战列舰向下转移焊接设备，这说明它已经完成了修理工作！这意味着它准备出航了！但是在什么时候呢？它唯一的机会是在夜色掩护下冲向大海。然而，这样做它就破坏了国际法。今天18点钟，有一艘美国货船离开了蒙得维的亚港。按照24小时的规定，中立国必须给它24小时的宽限，即只有当那般商船离港24小时之后，交战另一方的军舰方可出航。所以，'斯比伯爵'号袖珍战列舰只有到星期天18点钟之后出航才是合法的。也就是说，在乌拉圭政府给它规定的停泊时限届满前2小时，它才可以出航。这是问题的合法方面。但是，我现在正在这出大型的海上戏剧的中心——蒙得维的亚，我可以对你们这样说，乡亲们，国际法是一回事，而兰斯多夫舰长是怎么看的，又是另一回事。事实是，'斯比伯爵'号袖珍战列舰的引擎和武器实际上是完好的。它仍然是一艘速度最快、最强有力、行动自如的战列舰。它仍然能够在任何适当的时候突入海洋。而英国舰队司令官哈伍德将军对这一点是十分清楚的。不论是白天还是晚上，每小时甚至每分钟，有一个问题始终浮现在所有人的脑海中，这就是：'斯比伯爵'号袖珍战列舰敢不敢冲出去呢？"

★ 德国人的无奈

兰斯多夫在 12 月 16 日发给德国海军部的电报如下：

蒙得维的亚港外的战略形势，除巡洋舰及驱逐舰以外，尚有"皇家方舟"号航空母舰及"声望"号战列巡洋舰，晚间封锁严密，要想逃往公海，突围返回祖国领海，已经没有希望了。……是否可以不顾普拉塔河口的海水深度不足，将船凿沉，还是宁可遭到拘禁，请予裁决。

在由希特勒主持，并有雷德尔和约德尔参加的会议上，决定复电如下：尽一切努力，设法延长停泊在中立国水域的时间……如果可能，突破包围，驶往布宜诺斯艾利斯。绝不可在乌拉圭被拘留。如果必须将船凿沉，要彻底加以破坏。

4. 艰难抉择

16 日，星期六，每个人都很少睡眠。夜幕降临以后，3 艘英国巡洋舰又靠近了港口，直到他们查明"斯比伯爵"号袖珍战列舰是否即将出航为止。可是，"斯比伯爵"号袖珍战列舰毫无出航的迹象，依旧停泊在原地。整个夜晚，岸上有成千上万双眼睛在盯着它。

凌晨 3 点钟，兰斯多夫上了岸，去德国大使馆和柏林进行再一次也是最后一次通话。也就是在这时，他接受了最后的指令。当他返回军舰后，观察家们看到军舰上加紧了活动。舰上又一次举行了集会，从传出来的声音听起来极像一次政治性集会，而不像舰长在对他的舰员们讲话。今天，"斯比伯爵"号袖珍战列舰必须出航，否则就要被拘留起来。

黎明时分，哈伍德把他的分舰队后撤 40 海里，消失在视野中。这可能是他最后一次进行这种机动了。但是，决定权并不在他的手里。星期二以前，他不可能指望得到增援。不过，这倒不令他担心。他所关心的是"斯比伯爵"号袖珍战列舰不能从他的手里溜掉。为了做到这一点，他就必须夜以继日地坚守在这儿，一刻也不能放松警惕。当然，还有一线希望，就是米林顿·德雷克运用 24 小时的规定继续把那艘战列舰滞留在港内，但他对此不存侥幸心理。这样想是明智的，因为今天一早，格尼就在他的办公室里紧急召见了英国大使。

格尼已经明白了英国人让第三艘商船在今天 13 点钟起航的意图，是为了尽可能地缠住"斯比伯爵"号袖珍战列舰，使它延长在港内停泊的时限。因此，他要求米林顿·德雷克不要那样做。

由于英国人这种战术已被戳穿，米林顿·德雷克只好同意格尼的意见。

鉴于"斯比伯爵"号袖珍战列舰仍旧停在内港，而限期将在日落时届满，问题很清楚：要么它必须在20点驶出乌拉圭领海，要么就要被拘留。这种富于戏剧性的形势，对整个世界来说都很容易理解，特别是通过迈克的广播：

"女士们，先生们：现在是12月17日，星期天上午10点15分。今天是'斯比伯爵'号袖珍战列舰停泊期限届满的一天。准确地说，当地时间20点钟，它必须驶出乌拉圭领海，否则，乌拉圭政府就要拘留它。据传说，在普拉塔河口有五艘，有的说有七艘英国战舰正在等着它。另外，还有传说，法国人也在增派援兵。如果是这样的话，不久就将爆发一场比上星期三更大的海战。原来，我们估计'斯比伯爵'号袖珍战列舰会在昨天夜里趁着夜暗逃出去，可是今天早晨它还是停在这儿。昨天晚上，它的舰长汉斯·兰斯多夫与纳粹外交当局都在为德国自开战以来所作出的最重要决定之一，而通宵达旦地忙碌着。他是不是要把这艘受伤的军舰开出普拉塔河这个避难所呢？还是向上游航行4个小时突围到布宜诺斯艾利斯去呢？抑或冲出去和英国人决一死战呢？对此，谁也不知道。一小时以前，兰斯多夫回到了舰上，他曾在岸上待了几个小时。德国大使朗曼陪同他到了码头。在握手的时候，有人听到他说：'直到明天！'当然，他们讲的是德语，我是翻译成英语讲给你们听的……"

　　这个不知疲倦的声音在不断地广播着，全世界都在倾听迈克的声音。哈伍德当然也不例外。

　　虽然英国一套精心设置的谍报系统，以及通过马尔维纳斯群岛和海军部传送信息的装置，早在几个月之前就已经启用。但是，真正运用这种科学的却是迈克。现在，他向美国广播，由美国转播给英国广播公司，而英国广播公司再向世界各地传送。这一切只需要几秒钟的时间。这样一来，这位英国舰队司令官就能不仅以分钟，而且以秒钟计算，来了解敌人的行动和企图了。

　　只要7秒钟的时间，迈克的声音就能在全世界回荡，并且传到这三艘英国巡洋舰的扩音器里，让大家都听到。人们就是正在干着工作，也都不由得竖起耳朵，唯恐漏掉了最新的情况报道。每当广播中断，人们都盼望迈克能重新出现。

　　尽管世界各地的听众看不到蒙得维的亚和敌人，然而好像有一双无形的眼睛在注视着他们。如果迈克开始描述英国人的活动和感受的话，那么，英国人也不会感到吃惊的。

　　三艘英国军舰以疏散队形在普拉塔河口英吉利浅滩以外巡逻着，彼此保持着目力接触。旗舰在洛沃斯岛的视距内巡逻。白天天气晴朗，十分炎热。哈伍德和伍德豪斯在舰桥上和大家一样收听着迈克的广播。通信兵拿来了一份电报交给哈伍德。他看了一下后，用手轻轻地碰了碰伍德豪斯的手臂，把头朝右航测距仪的方向摆了一下。这架测距仪装在舰桥一侧的小平台上，这是一个进行私下谈话的好地方。

哈伍德把电报交给伍德豪斯，说："这是布宜诺斯艾利斯大使馆发来的。"电报上写着："这儿流传着这样的谣言：'斯比伯爵'号袖珍战列舰将在今晚出航。"

伍德豪斯点点头，把电报还给哈伍德："果然，它今天要出来了。"

哈伍德哼了一声："会吗？如果你来指挥'斯比伯爵'号袖珍战列舰，你会怎么做呢？"

伍德豪斯脑海里转了一下，接着，慢吞吞地说："噢，要是我的话，天一黑就出来，尽量避开外面等着我的敌舰，径直开往公海。如果避不开，那就战斗到底。难道你不会这样做吗，长官？"

哈伍德点点头，慢慢地说："说得简单，可是我不知道兰斯多夫是不是也想得这么简单。"

"为什么不呢？"伍德豪斯反问道，话音里毫不掩饰地露出惊讶。

过了一会，哈伍德边想边回答说："他有许多使他伤脑筋的事情……第一，他不了解我们这儿到底有多少兵力在等着对付他。第二，他可以使'斯比伯爵'号袖珍战列舰被拘留在蒙得维的亚，但是，乌拉圭很可能以后加入战争，并且站在英国一边。这样一来，'斯比伯爵'号袖珍战列舰就会落到我们的手里……当然，他还可以突围去布宜诺斯艾利斯，不过，航道太窄。"

伍德豪斯接口说："水又浅！"

哈伍德点点头："淤泥又多！如果在航道上稍有疏忽就会搁浅……"忽然，他把拳头往舰桥的铁栏杆上使劲一敲，斩钉截铁地说："对，它一定会出来的！"

伍德豪斯平静地问："您认为它会在什么时候出来呢？"

"现在！中午！黄昏！任何时候！它可以选择它认为方便的时间。但是，它已失去了突然性，因为那位广播员老兄会向我们报告它的一举一动。"

伍德豪斯提议说："到时候让我们迎上去在大门外向它开战。"

这时，哈伍德看来对这个提议似乎发生了兴趣："你要知道，我们的舰长不仅仅是海军军官而已。我们的朋友、敌人或中立国总是对我们做什么或不做什么而进行这样或那样的解释。"

但伍德豪斯却对此并不在意："如果我们把'斯比伯爵'号袖珍战列舰打沉了，那就只有一种解释了！"

哈伍德摇摇头："我不那么肯定，你再稍微想想看！如果我们在普拉塔河里面交战，就会被指责侵犯了中立国的领海。你可以想象到，那个卑鄙的戈培尔将会编出什么样的谣言！"

伍德豪斯虽不以为然，但也不想辩论，反正他只管指挥打仗，别的管不着："噢，原来您在考虑这些，长官。"他把这个问题原原本本地奉还给了他的上司。

哈伍德像头熊似的摇动着身子，大声说："对的，非常感谢你。"

伍德豪斯发觉哈伍德在凝视着他，突然大笑起来，向前走去。

哈伍德再次看着大使发来的电报。突然，扩音器里的音乐停了下来，迈克的声音再次在空中回响起来：

"快讯！迈克在蒙得维的亚向诸位报告。据此间人士普遍认为，这艘德国袖珍战列舰十分可能突围去另一个中立国港口……到布宜诺斯艾利斯……或者去布兰卡湾……像以前一样停在中立国的水域里。'斯比伯爵'号袖珍战列舰周围正在进行着紧张的活动。现在它把一张帆布天篷蒙在右舷舷梯上方。据推测，它想把穿梭般往返于军舰和'塔科马'号商船之间的那艘拖船上的货物掩盖起来………一位先生刚才告诉我说，'斯比伯爵'号袖珍战列舰正往拖船上转移了几十个人——对不起，先生，请再说一遍。噢，谢谢，科普雷恩多先生。现在纠正一下，'斯比伯爵'号袖珍战列舰正把好几百人转移到'塔科马'号商船上去。这些人携带着自己的行装，快步登上了'塔科马'号商船，然后下到看不见的地方去了……乡亲们，我敢确信，虽然我们能注意到它的每一个行动，但是谁也说不上到底会发生什么事情。在这里，它已引起了令人难以置信的不安。最可能的估计是，'斯比伯爵'号将只载一部分精干的舰员出航——我们也许可以称他们为敢死队员吧！他们企图在敌我力量悬殊的情况下决一死战，直到舰毁人亡！"

迈克的话音突然被一声很响的猛烈撞击声打断。接着，话筒里传出一阵尖厉的叫嚷声。几亿人在不安地听着，不知发生了什么事

正在认真收听电台广播的人们

情。过了一会，在一阵奇怪的时起时伏的喧闹声中，迈克气喘吁吁地恢复了广播："对不起，乡亲们，刚才我是站在这个咖啡馆的桌子上广播的，桌子现在塌了，幸好，没伤着什么人。如果吓着谁了，那就对不起。我估计你们可能会以为是'斯比伯爵'号袖珍战列舰起航了呢！"

已是星期天的午饭时间了。蒙得维的亚和其他地方一样，这是一个十分重要而又很长的时间。在拉丁美洲各国，星期天午饭之后是神圣不可侵犯的午休时间。即使有"斯比伯爵"号袖珍战列舰在此，也不能使这种习俗有所改变。码头上、海滩边、防波堤和高楼顶上，甚至于马诺洛酒吧间里，人群也渐渐地稀疏了。

只有在"斯比伯爵"号袖珍战列舰上，人们还在前前后后地忙碌着。拖船和汽艇继续在"斯比伯爵"号袖珍战列舰、岸上和"塔科马"号之间来回奔波着，还有一队士兵在开始拆帆布天篷。不管这些人是不是敢死队员，看来"斯比伯爵"号袖珍战列舰是在准备出航了。

但是，在迈克看不到的地方，正在进行着一系列的活动。特别是，当时正在举行一次将对西半球产生重要影响的会议。会议是星期天下午在乌拉圭外交部举行的，与会者是格尼和他邀请的美洲大陆各国的外交代表。

一艘汽艇上满载"斯比伯爵"号的船员

★兰斯多夫的错误

德国军事家认为，兰斯多夫的最大错误就是违反上级所规定之交战规则，主动与对方兵力作战。兰斯多夫的任务属性不是歼灭敌人有生力量，而是进行持续的通商破交战。通商突袭破交舰的最大存活要诀就是隐秘性，而其最重要目标即为尽量造成对方的混乱及损失，而造成对方的混乱往往更是最主要的目标。兰斯多夫横行南太平洋及印度洋期间，虽然其战果只有九艘商船，但它的活动却逼

站在汽艇上的兰斯多夫

迫英法两国总共动员四艘战列舰、四艘战列巡洋舰、六艘航空母舰及不下20艘轻重巡洋舰来进行效果不佳的搜索，这种扰乱对手兵力调度及商船航运的效果绝非潜艇能够达成的。事实上，当兰斯多夫被哈伍德发现，交战中既无法把三艘英国巡洋舰全部歼灭，又无法摆脱英方跟踪后——"斯比伯爵"号袖珍战列舰的命运已经注定凄惨！兰斯多夫更没有深思到交战过程中若有战损，要如何应对？己方的补给舰就算能给予食物、饮水、油料、甚至弹药的再补给；但对战斗损伤及人员损失，帮助就十分有限。更何况德国在大西洋地区根本没有任何海外基地或亲密盟国，万一被人追击时没地方躲，战斗受损时没地方修！兰斯多夫居然没有注意到这些，实在是犯了兵家大忌。

第五章

悲壮的选择

★ 格尼根据自己在日内瓦的工作经历，深知集体行动的价值，他也知道如何趁热打铁。现在，当南半球各国发现自己已陷入了战争旋涡中，而又不知所措的时候，正是各国应该统一认识和积极行动的大好时机。

★ 这时，"斯比伯爵"号袖珍战列舰开始由内港向外港航行。米林顿·德雷克迅速地把望远镜对准了英国巡洋舰，他看到它们已改变了位置，还看到舰上飞机升空了。

★ 17日17点20分，"斯比伯爵"号袖珍战列舰将舰上海员的行李和供应品转移到港内德国商船上。18点整，兰斯多夫上校率领40多名船员驾驶"斯比伯爵"号袖珍战列舰拔锚起航，缓缓向港外移动，舰上两面大幅德国国旗迎风飘扬。

★ "阿尔特马克"号是"斯比伯爵"号袖珍战列舰的补给舰。在普拉塔河口海战的时候，这艘补给舰就很机灵地躲了起来，它隐匿在南大西洋，等待着与母舰会合。但是，12月17日传来的消息，让人沮丧——"斯比伯爵"号袖珍战列舰被迫自沉，"阿尔特马克"号补给舰顿时成了没有母亲的孤儿。

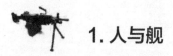

1. 人与舰

大约 15 点钟，这是一天中最炎热的时候，所有美洲国家外交团的首席代表，以及美国、阿根廷和巴西的大使们，一个一个驱车到达乌拉圭政府大厦，从大门进去了。

当时南、北美洲各国政府的心理状态是颇有意味的。格尼根据自己在日内瓦的工作经历，深知集体行动的价值。他也知道如何趁热打铁。现在，当南半球各国发现自己已陷入了战争旋涡中，而又不知所措的时候，正是各国应该统一认识和积极行动的大好时机。所以，格尼在会上毫不隐瞒自己的观点，清晰和坦率地向各国代表和盘托出乌拉圭政府对事态的看法和理由。

格尼的讲话，任何时候都为人们所推崇。但是，在他滔滔不绝地讲话的时候，与会者谁也不知道那天 20 点钟会发生什么事情。他的话每一句都有很大分量，使听众从头至尾都感到十分紧张。这的确是一次异乎寻常的会议。这位外交部长在会上提到了英国政府和德国政府对他施加的压力是如此之大，有的简直到了令人难以容忍的地步。这些对许多与会代表来说是颇有启发的，很值得回味。

几个星期之后，所有美洲国家包括美国在内，达成了一个协

受到小船围观的"斯比伯爵"号袖珍战列舰

议。协议中声言：一切海战都必须远离美洲沿海（有的国家明确规定 200 海里为界），否则就是对中立国的公然侵犯。当然，这只不过是门罗主义的一种延伸而已。虽然它没有写进美国宪法，但它却要求美国应与其他美洲国家协调一致来对付外来侵略。这个协议力图把传统的 3 海里领海延伸到数百海里，这一事实表明，当时战争对美洲各国产生了多么大的影响；而且也表明，不管他们各自同情谁，为了使西半球国家置身于战争之外，他们将竭尽全力。

会议在 18 点结束，这时习惯上的午休也已经过去了。人群又一次源源不断地涌向海滨、码头。每幢房子里，每扇窗户旁，以至街上所有店铺里，无不打开了收音机。收音机里又开始大声广播最新消息和各种各样的谣言。这时，米林顿·德雷克正站在萨尔沃宫的 18 层楼上，他能够清清楚楚地听见迈克的声音。他是带着家眷和私人秘书上这儿来登高瞭望的。他从这儿的阳台上，能够清楚地看到在水天线上的三艘英国巡洋舰的影子。但是，对于在几百米以下正在卖力地广播的迈克来说，却是看不到这些英国军舰的。

"乡亲们，现在，我是在蒙得维的亚海边能看清现场的地方向诸位作报道的。刚才之所以不得不中断广播，是因为人实在太多了，以致挤断了麦克风的电线。然而，要感谢勇敢的乌拉圭警察的努力，秩序终于恢复了，电线也修好了。正如大家所知道的，'斯比伯爵'号袖珍战列舰必须驶出乌拉圭领海的限期是当地时间 20点整，而现在是 18 点 50 分，只有一小时稍多一点的时间了！可是'斯比伯爵'号袖珍战列舰仍旧毫无动静。这儿的场面真是难以描述，紧张气氛的加剧简直是以分秒来计算的。太阳正在西沉，落日的余晖仍照亮着蒙得维的亚，视距约有 20 海里。但现在还看不到守候在外面的英国军舰……据最新的谣传说，有 13 艘盟国军舰守候在外面，其中包括'雷农'号战列舰和'皇家方舟'号航空母舰……"

三艘英国巡洋舰以 20 节的速度并排地朝河口驶来。傍晚，哈伍德集中了所有舰只，全体人员都进入了临战状态。大家都明白，下一个小时是决定性的一小时。每个人都从连续不断的有关敌人活动的广播报道中了解到，今天晚上一定会发生情况。而且，大家普遍认为，"斯比伯爵"号袖珍战列舰会载着一小批志愿留下来的舰员出来作一场殊死的战斗！

当伍德豪斯说话的时候，哈伍德瞥了他一眼，但没有搭腔。这对他来说也是该下决心的时候了。扩音器里又传出了迈克的声音。

"拖船和驳船已经纷纷解缆离开了，只有一艘拖船昂着头靠在'斯比伯爵'号袖珍战列舰旁边。现在，有几个人上了拖船，我想他们是在解缆。对！我相信它已启动了机器，我看到它的螺旋桨在水中搅动！"

哈伍德突然大声说："很好，伍德豪斯，走吧。信号军士长！通知'阿基里斯'号轻巡洋舰和'坎伯兰'号重巡洋舰：'成单纵队前进'。"

信号军士长说:"是,是,长官。"于是,他奔向后面的话管。

伍德豪斯满意地笑了,但没有回答。他听到信号军士长的声音:"信号甲板:注意,升起信号!"

当"坎伯兰"号重巡洋舰上的三角形答应旗升起和这几艘白色的巡洋舰驶向自己的队列位置时,哈伍德对伍德豪斯说:"如果这次情况搞错了,那我们就是小题大做了。"

虽然他已定下了决心,但还是继续收听着迈克的广播,因为他不得不这样做,别人也不得不这样做。在这短短的令人难忘的时刻里,迈克成了世界上最重要的人物之一了。他的坚持性、他的活力使人着迷。他能让各种正在进行的事情停下来,又能让另一些事情动起来。他简直能够制定政策,而且又能完全改变政策。好像英国巡洋舰用 18 节速度航行和"斯比伯爵"号袖珍战列舰引擎开始运转,也全是由他决定似的。现在,他又在以精力充沛的、迷人的声音,继续广播着:"太阳已经西沉……又是一个晴朗美好的夜晚……无数的人群聚集在这儿的海滩上、码头上、屋顶上,即使是观看海军或陆军足球赛的观众,也从未达到过这种空前的盛况。我们看到整整一下午,'斯比伯爵'号袖珍战列舰在往'塔科马'号商船上转移士兵……舰上大概只留下了一支敢死队……刚才我们听到了'斯比伯爵'号袖珍战列舰从上星期四以来第一次发出的引擎轰鸣声。现在,它的柴油引擎又一次启动了……缆绳解开了……铁锚升出了水面……烟囱喷出了黑烟……对不起,我得喝口水,喉咙兴奋

全速航行的"坎伯兰"号重巡洋舰

得干极了……"

"……喧闹了一个下午的庞大人群现在已鸦雀无声……人人都在静静地注视着……不!……是的!……不对!……对了!……女士们,先生们,'斯比伯爵'号袖珍战列舰开动了!"

伍德豪斯看了看哈伍德,哈伍德命令道:"加速到20节,驶近港口!"

航海官转达了命令。伍德豪斯说:"航向,2—7—0,正西。"

"左10°。"航海官一边说,一边还在静听迈克的广播。"……是的,它开动了!……这艘巨舰终于开动了,靠自己的动力出航了。'塔科马'号商船跟在它后面。噢,弟兄们!现在可能要发生令人意想不到的事情了!"

伍德豪斯下令:"弹射飞机!"

在这种情况下,所有命令都是几乎一出口就立刻被执行了。伍德豪斯笑了笑。现在三艘军舰都已经加到了全速,舰首激起了高高的浪花,锅炉舱里的鼓风机在轰鸣着,海风在不住地呼啸。"砰"的一声巨响,飞机离开了弹射器。卢因和观测员高兴地向西飞去,急于要看个明白。几秒钟后,蒙得维的亚的轮廓在暮色中清晰可辨,萨尔沃宫高大的屋顶在落日余晖映衬下呈现出淡黑色。

这时,"斯比伯爵"号袖珍战列舰开始由内港向外港航行。米林顿·德雷克迅速地把望远镜对准了英国巡洋舰,他看到它们已改变了位置,还看到舰上飞机升空了。不久,"阿贾克斯"号轻巡洋舰开始施放烟幕。这样，烟幕把三艘军舰遮蔽了很长一段时间。

米林顿·德雷克又把望远镜转过来看"斯比伯爵"号袖珍战列舰，这是多么令人难以忘怀的景象啊！这艘巨舰缓缓地向港外行驶着。现在，它正在驶近防波堤。"塔科马"号跟在它后面几链远的地方。巨大的人群屏住呼吸凝视着它，大多数人陷入了沉默。一些人在向它挥手，另一些人在对它咒骂，不少妇女在跪拜祈祷。

"斯比伯爵"号袖珍战列舰已驶出港口，到达了通向布宜诺斯艾利斯的航道上。当迈克报道到这里时，简直激动得连嗓子都哑了。看来，好像它真的如迈克预料的那样，要冲向另一个中立国港口去了。然而，它往前行驶了几海里之后，却向东转向，朝英国巡洋舰的方向驶去。

人们目送"斯比伯爵"号袖珍战列舰驶出港口

这时，水天线处巡洋舰施放的烟幕依稀可辨。太阳正在迅速地落下。19点30分左右，"斯比伯爵"号袖珍战列舰看来刚好驶出3海里领海的边缘。突然，迈克对全世界报道说："它停下来了！"不久，卢因从战列舰上空的飞机上也向"阿贾克斯"号轻巡洋舰发回了同样令人大吃一惊的报告："斯比伯爵"号袖珍战列舰停住了！它纹丝不动地浮在平静的普拉塔河水面上。

时间在一分钟一分钟地过去。一时间，整个世界都陷入了焦虑不安。迈克接着报告说，开始有一艘，接着又有两艘汽艇离开"斯比伯爵"号袖珍战列舰，朝"塔科马"号商船驶去。通过望远镜，他看到汽艇里装满了人。19点55分，太阳的边缘触到了海面。在极其平静、浩瀚的普拉塔河上，这艘战列舰停在那儿一动也不动了。

太阳完全沉下了海面。就在这个时刻，只听得一声剧烈的爆炸，"斯比伯爵"号袖珍战列舰上立刻腾起了烈焰，巨大的烟柱升向空中。同时，又接连不断地发生了新的爆炸。岸上的人们有的出于恐惧或兴奋，有的出于吃惊或得意，狂呼着，尖叫着。一种巨大的、不可言喻的喧闹声浪，席卷了全城。

在这艘将要毁灭的军舰上，爆炸越来越频繁了，武器设备似乎全都要炸毁了。仅仅几分钟光景，全舰已成了一片炽烈的火海。迈克紧紧地握住麦克风，尖声叫喊着，接着又结结巴巴地试图描述这种难以描述的、传达这种无法传达的景象："又一次爆炸！……再一

掩盖了损伤的"斯比伯爵"号袖珍战列舰

次爆炸！……浓烟滚滚……烈焰升腾！红色的火舌……听！你们能听到这儿雷鸣般的爆炸声吧。真是一幅奇异的景象啊！……多么像一只巨大的魔法火盆哪！"

★ 情报战

围歼"斯比伯爵"号袖珍战列舰的时候，英国人在蒙得维的亚港大搞间谍活动，四处宣扬在附近已经集结了包括"皇家方舟"号航空母舰、"声望"号战列巡洋舰、"雷农"号战列舰在内的大型舰队。事实上只有"坎伯兰"号重巡洋舰提前从马尔维纳斯群岛赶来而已。可惜兰斯多夫对此并不了解真情，鉴于敌人"大军压境"，

神出鬼没的德国 U 型潜艇

自己又缺少弹药的情况，他立即发电请示柏林。当接到希特勒凿沉军舰的命令时，他只能选择服从。

后世认为，"斯比伯爵"号袖珍战列舰的沉没不仅仅是情报部门和政府的作用问题，在很大程度上也反映出德国海军与其他军种部门的协同作战上有很大的不足。如果能得到准确的情报，或者在该海域出现几艘潜艇（哪怕只有一艘），或者有支援舰队，或者……这些在多次海战中已经得到了充分的证实，可惜并没有得到德国海军部的重视。单舰作战，再强又怎么能敌得过一支有着统一指挥、协调很好的舰队呢？只有协同作战和统一的指挥才能让一种武器、一支军队发挥它的最大作用。

2. 再见了，大海

在"阿贾克斯"号轻巡洋舰舰桥上，所有的人，甚至连哈伍德在内，全都陷入了沉默。哈伍德的脸色由红变白。突然，他走到舰桥前面，双手托着脑袋。谁也不说一句话。在他们前面的远处，一股巨大的浓烟升腾在空中。舰上的扩音器里依然传出迈克的尖厉而结巴的声音。在他的话音后面，可以听到人群中发出的阵阵喧闹声和从那艘垂死的军舰上传来的雷鸣般的爆炸声。哈伍德终于转过身来看着伍德豪斯，双眼通红，说话时声音都嘶哑了："喏，伍德豪斯，就这样了吧。"

伍德豪斯安然地回答说："是的，长官。"

哈伍德使自己镇静下来。此刻，大家的目光都转向了他。他走到前面说："信号军士长！通知'阿基里斯'号轻巡洋舰和'坎伯兰'号重巡洋舰……"

他想了一会儿，脑子里斟酌了一下词句，接着说："通知'阿基里斯'号轻巡洋舰和'坎伯兰'号重巡洋舰：'今天许多人的生命得救了。'"

信号军士长默默地敬了一个礼，跑去发信号了。哈伍德又简短地补充说："收回飞机。"然后，他转过身去，凝视着远方的那股巨大烟柱。伍德豪斯深情地望着司令官的背影，淡淡地说："好的，航海官，让飞机降落在右舷。"梅德利走向话管说："枪炮官，通知飞机返航，在右舷降落。"

飞机用挂钩着舰，这是一种复杂的操作，许多飞机在着舰时往往发生失误。可是，德鲁凯·卢因由于技术娴熟，首次着舰就取得成功。飞机降落时，"阿贾克斯"号轻巡洋舰实际上是停着不动的，而"阿基里斯"号轻巡洋舰驶到了它的左舷。

过了一会儿，在逐渐暗淡的光线下，两艘姊妹舰并排着，相距只有两链。这两艘舰上，早就通知过：凡是不需要值更的人员都可以到甲板上去。所以，两舰的所有舰员都充分利用各自岗位上的有利条件进行观望。炮手们都挤在各自的炮塔顶上，舰上所有高处都密密麻麻地挤满了人。当"斯比伯爵"号袖珍战列舰接连发生爆炸时，两舰的人员开始欢呼，他们叫呀、跳呀，直到喊哑了嗓子。

"阿贾克斯"号轻巡洋舰的舰员唱起了《啤酒桶波尔卡》。"阿基里斯"号轻巡洋舰上的毛利人在炮塔上跳起了原始部落里模仿作战的舞蹈。新西兰人唱起《您好，朋友》和别的毛利族歌曲，全舰的人都跟着唱，而且还拿出吉他来伴奏。"阿贾克斯"号轻巡洋舰也以狂热的欣喜心情，用歌声和欢呼声相呼应。4天来，每个人的心情一直都处在极度的紧张状态之中，而现在，紧张的心情突然消失了，大家如释重负。狂喜的感情表现得最淋漓尽致的是"阿基里

"斯比伯爵"号袖珍战列舰发生爆炸沉没瞬间

斯"号轻巡洋舰上小卖部的管理员，他干脆打开房门，将存货免费供应给大家。

当人们的激动心情渐渐平静下来时，大家开始走下甲板，回到各自的岗位。哈伍德大声喊道："信号军士长！"

"有！"

"通知'阿基里斯'号轻巡洋舰和'坎伯兰'号重巡洋舰：'紧紧地跟着我！'航海官！你看到西面那堆大火了吗？"

"看到了，长官！"

"那好，笔直地对着它开去！"

在萨尔汉宫的阳台上，米林顿·德雷克深深地呼了一口气。他看了看手表，刚好20点整。太阳已经完全消失了，天空中呈现出一片火红色的瑰丽晚霞。

"安排得真巧，"他说，"太阳刚好落山。"停了一会儿，他接着说："这是第三帝国的末日……"

当夜幕垂临，这艘燃烧着的巨舰看上去愈加可怕了。舰上一片烈火，剧烈的爆炸仍在撕裂着它的躯体。军舰四周的海水沸腾着，直冒热气。由于舰上各处的弹药都被烧着了，爆炸声此起彼伏。大块的金属被抛向空中，又落到沸腾的海上。上层建筑的钢板块块断裂，轰然倒塌。由于这里水浅，破裂的军舰搁置在海底的淤泥上。甲板被海浪冲击着，爆炸不时地肢解着它，整个军舰似乎在不停地颤抖着。它燃烧了整整3天。

"塔科马"号商船停在离它 1.5 海里的地方，四周环绕着"斯比伯爵"号袖珍战列舰的汽艇、一艘从阿根廷开来的拖船和几艘敞篷驳船。从"斯比伯爵"号袖珍战列舰上撤下来的舰员，正在转移到驳船上去。这些船只的身影被燃烧着的"斯比伯爵"号袖珍战列舰上的火光照得通亮。爆炸声淹没了用西班牙语和德语发布命令的喊叫声。这真是一个奇特、杂乱和令人心烦意乱的场面！

一艘乌拉圭炮艇全速向商船驶来，探照灯的光柱射向"塔科马"号商船。在炮艇那小小的舰桥上，在指挥官的身边站着达夫船长。指挥官通过扩音器喊道："船长！'塔科马'号商船的船长！"

一个浓重的德国口音回答道："有！"

"我奉命以乌拉圭共和国的名义拘留你！你在乌拉圭领海内积极帮助一艘交战国的军舰……"

"我抗议！我是一艘商船！并不是德国的后备役船只。"

"你没有获得批准就擅自出港，也没有引水员。你已经被逮捕了，把你的汽艇吊上去！"

商船船桥上，人们商量了好一会儿。最后，船长回答说："好吧，那么船上载的那些军官和水兵怎么办？"

"你可以把他们交给我带回港去接受拘留，也可以送他们到阿根廷去，在那儿接受拘留。我相信你会选择后一种办法。兰斯多夫在船上吗？"

一个高个子身形的人立在"塔科马"号商船船桥较低的那层甲

板上，走过来回答道："在这儿！"

"我要上船来见你！"

指挥官和达夫船长乘汽艇前往德国商船。他们登上了船桥。兰斯多夫高高的个儿，站在那儿，身子半对着他们，眼睛直盯着那艘燃烧中的军舰。与此同时，乌拉圭政府在"塔科马"号商船上派出了岗哨，向驳船转运"斯比伯爵"号袖珍战列舰舰员的工作又继续进行了。

指挥官敬了个礼说："兰斯多夫舰长，我不是奉命前来拘留您和您的士兵的。"

兰斯多夫还了礼，听了他的话只是点点头，未作回答。达夫走上前去，说："兰斯多夫舰长。"

兰斯多夫吃惊地转过脸来，两人的目光相遇了。经过一阵长时间的沉默，兰斯多夫终于开口道："达夫船长！"达夫说："他们要我来见您，我就高兴地来了。自从 4 天前我们道别以来，对您来说事情发生了一点变化……"他停了一下。

兰斯多夫淡淡地说："是的。"他继续看着达夫。

达夫迟疑了一下，接着说："我是根据非官方的安排来看望您的，因为蒙得维的亚谣传说，您已以身殉舰了。"

兰斯多夫瞥了他一眼，然后转身走向栏杆，回答说："我把舰员的安全放在第一位。"

但达夫刚才的话还没说完，他向舰长靠近了一点，用深情而柔和的声音说："我想让您知道，舰长，岸上每一个和您交往过的人都十分尊敬您。而且甚至您的敌人也不能不尊敬您。当然，我只能在私下里这样说。"

兰斯多夫缓缓地点点头。达夫接着说："看到您现在的处境，我很抱歉……您一个人孤单单的。"

兰斯多夫又一次转过身去，凝视着他的那艘燃烧着的军舰。"每个指挥官都是孤独的，船长。"他回答说。突然，他转过身来，伸出手去握住达夫的手，热情地摇着："再见了！"他说："是分手的时候了，谢谢您。"

随后，兰斯多夫猛地转身走开，点着了一支雪茄——他那须臾不可离开的雪茄，双手握着望远镜，站在那儿像一尊塑像似的，注视着燃烧中的"斯比伯爵"号袖珍战列舰。就在这时，达夫默默地离开了他。

约在午夜，三艘英国巡洋舰来到他们敌人的残骸旁，并在它的周围绕圈航行。现在，再也没有人欢呼了。他们默默地看着燃烧着的舰体。即使在那样的深夜，也还是有许多小船出来观看这艘曾经显赫一时的军舰。过了一会，哈伍德转向离开，他命令小舰队返回原地继续巡逻，直到解除任务为止。虽然一个敌人被消灭了，但还有其他的敌人呢。他们依然具有航海能力和作战能力。因此，哈伍德率领他的分舰队返回战斗岗位，是理所当然的。

据当时目击者回忆：

17 日 17 点 20 分，"斯比伯爵"号袖珍战列舰将舰上海员的行李和供应品转移到港内德国商船上。18 点整，兰斯多夫率领 40 多名船员驾驶"斯比伯爵"号袖珍战列舰拔锚起航，缓缓向港外移动，舰上两面大幅德国国旗迎风飘扬。

蒙得维的亚港口挤满了人，目送这艘残舰拔锚起航，很多人以为可以看到一场精彩的大战了，几乎全城市民都跑来看热闹。摄影机、望远镜，一应俱全。一家美国广播电台，不远万里，专程赶来做现场报道。标题是很招人眼球的："斯比伯爵"号袖珍战列舰覆灭记！而那些住在乌拉圭的德国侨民，则神色凄凉，有的甚至忍不住哭出声来。站在港口另一边的是英国侨民，他们个个神采奕奕，幸灾乐祸地注视着这一切。如若有记者采访，他们就会神气十足地声称：要让全世界看看，强大的英国海军是如何痛扁德国佬的！

在英、德两国，焦急的人们则拨准了广播收音机频道，静候无线电报告消息。希特勒也坐在收音机旁等待着"斯比伯爵"号袖珍战列舰最后一战的消息。可是，得到的消息让他昏厥。19 点 50 分，当暮色掩盖普拉塔河口时，"斯比伯爵"号袖珍战列舰内部预设的炸药陆续被引爆。战舰连续爆发出恐怖的爆炸声，它那 38 毫米厚的钢板被炸得粉碎，近 20 米高的熊熊烈焰飞舞在半空中，同时，舰上舱底活门也全部被打开，以加速下沉。剧烈爆炸所产生的轰鸣声，就连 3 海里以外的港口都听得见。而兰斯多夫等一行人，则登上救生艇。在火光映照之下，他泪流满面，眼睁睁地看着自己心爱的战舰沉入大海。

此时，哈伍德仍旧精神高度紧张地等待着"斯比伯爵"号袖珍战列舰突围。20点54分，一架英国水上侦察机证实：敌舰已经自毁。战斗警戒随之解除。

在"斯比伯爵"号袖珍战列舰自沉后，生还官兵被乌拉圭政府转送至阿根廷，而阿根廷当局并未如德国所期待的"比乌拉圭友善"，坚持拘留了那些官兵。

唯一让人感到欣慰的是，阿根廷政府还是客客气气地接待了这些德国人。他们分散住进当地德国侨民家里，甚至还可以从阿根廷政府那里领取生活补贴，也就是最低生活保障金。

★美国驻德记者威廉·L·夏伊勒的日记

柏林，12月18日

公众有点糊涂，不知道"斯比伯爵"号袖珍战列舰昨天下午在蒙得维的亚港外以自沉结束。我们就"斯比伯爵"号袖珍战列舰事件提出一系列令德国人尴尬的问题后，刚刚穿上外套并走下楼梯，正要离开晚上的新闻发布会场时，德国发言人就上气不接下气地冲进来，说他有一些重要消息，请我们上楼返回会议室。然后，他就气喘吁吁地宣读了关于击落34架英国飞机的公告。我怀疑这是个骗局。听说，就戈培尔在"斯比伯爵"号袖珍战列舰事件中帮倒忙一事，海军冲希特勒发了火。海军上将们最感恼怒的是，昨天该舰自沉后，戈培尔还让记者由蒙得维的亚发回了一篇电讯，声称这艘袖珍战列舰只受了表皮伤，而英国报道其遭到严重破坏纯属谎言。

 ## 3. 德国精神

12月20日凌晨，汉斯·兰斯多夫在布宜诺斯艾利斯自己的房间里，身上裹着德意志帝国海军军旗举枪自杀了。他已目睹自己的部下安然抵达了阿根廷首都，并获得了因作战英勇而赢得的全部荣誉，只不过如今他们都成了寻求庇护的亡命者了。

在最初几天，他们住在阿根廷的海军兵营里，后来，又被转移到这个国家北部的一个拘留所里。在这里，他们过的是一种轻松而体面的拘留生活。战后，他们当中的许多人依然留居在阿根廷；不过，大部分军官在拘留之后18个月里，由于监视松弛，陆续地逃了出来，历经曲折，返回了德国，并再次参加了战斗。

然而，那位曾率领他们进行过许多英勇战斗、最后将他们从胜利引向流放生活并使之蒙受了屈辱的舰长，如今却长眠于异国他乡；而被他亲手毁灭的军舰则深深地沉陷在普拉塔河的淤泥里。

最初，窜入普拉塔河内寻求庇护，这是他的过失。但是，当他一旦抛弃了海军的传统，让军舰的命运任凭政客们插手摆布的时候；

当他把"冲出去战斗——决一生死"这种显而易见的问题提出来讨论的时候；当他俯首帖耳地听命于希特勒要他凿沉军舰和让舰员接受拘留的时候；他尽管还是一位仪表堂堂的舰长，但他的海军生涯就此结束了，生命对于他已失去了意义。当然，在他结束自己生命之前，他首先关注的是他部属的安全。这一点，他倒是保持了一个人应有的道德和尊严。

即使一个在各方面都比兰斯多夫低下的人，如果他也按照同样的传统和原则行事，并做出同样决定的话，他也将没有颜面在尔后48 小时内再见到他的舰员，他也会惧怕接受记者们的采访以及大使和公使接二连三的接见。他会惧怕看到敌人射来的鄙视的目光，尤其惧怕瞥见朋友们露出的同情和怜悯的眼神。

在这种情况下，他宁肯与军舰同归于尽，也决不去忍辱求生。可是，兰斯多夫并没有这样做。他曾经对达夫说过，一个指挥官总是孤独的。确实，在他自尽之前的最后时日里，没有人比他更孤独了。

在与英国军舰交战和尔后的被追击中，兰斯多夫接二连三地犯了一些决定性的错误，但这都是由于缺乏实战经验和背后缺少悠久的海军传统的缘故，这是可以谅解的。当他们在战斗中运筹帷幄定下决心之际，是德国传统精神影响和支配了他们，进攻精神并不是靠说教传授的。英国皇家海军，尽管由于政治家们的插手，几经盛衰，但是，在它的舰长们身后却有着长达300 年的海上经历，有着

兰斯多夫的葬礼

第一流的战斗舰艇。

虽然兰斯多夫英勇，但他不具备英国皇家海军舰长所具有的素质。不过，他具有另外的素质。在星期天黎明之前，在他和希特勒通完最后一次电话返回军舰以后的那些令人可怕的时刻里，他的那些素质充分发挥了作用。他召集了舰上的主要军官，传达了上级的指示，并向他们详细地布置了彻底毁坏这艘军舰的办法。他下令把军舰破坏到根本无法打捞和修复的程度。对于"斯比伯爵"号袖珍战列舰这样一艘简直不会沉没的重型装甲战舰，要破坏到这种地步，几乎是一件无法完成的任务。

在星期天的整个白昼，当大部分舰员正向"塔科马"号商船转移的时候，另一部分舰员却在舰上全力以赴地为它的末日作准备。弹药舱里的弹药被全部搬出来置放在舰上各处；每层甲板上都铺了一层无烟火药，上面再摊上高爆炮弹；每个油舱里都放入了一定数量的炸药；汽油舱和柴油舱都用软管连接起来，以便一打开阀门，甲板上将到处洒满易燃的液体。

起初，舰员们实在不忍心做这种准备工作。后来，他们却像发了疯似的拼命地干了起来。他们曾经十分珍视和倍加爱护的军舰，转瞬间竟成了一个需要加以破坏的目标。众所周知，一道命令可以免除那些训练有素的下级任何精神上或道义上的责任。因此，当兰斯多夫在那个酷热的星期天长时间地端坐在他的舱房里拟写报告的时候；当迈克在无线电里给全世界的听众制造悬念的时候；当哈伍德率领他的分舰队巡回在普拉塔河上的时候；当政治家们重新制定法律以适应当前事态的发展的时候；当全世界亿万双耳目集中到那艘锚泊在蒙得维的亚港内像谜一般的"斯比伯爵"号袖珍战列舰的身上的时候；又有谁会知道在它那雄伟的躯体内，那些曾经爱惜它、服务于它的人们，竟然准备残害它、肢解它、毁灭它。

在太阳西落之前一个小时，约有50万群众摩肩接踵地在观看"斯比伯爵"号袖珍战列舰出航。可是——谁也不曾料到，这艘安然地、威武地离开港口驶入普拉塔河水域的漂亮军舰，竟是一个准备在乌拉圭政府规定的停泊期限届满前 5 分钟——19 点 55 分——起爆的巨大的浮动定时炸弹。

在军舰左右舷所有的扬弹机上，都挂有一个鱼雷头，上面连着一根定时导火索。一到规定时间，这种重达一吨半的鱼雷头就会急速地穿过五层甲板落到弹药舱里爆炸，从而激起高达 800 米的浓烟和火柱。在舰上安置这样一种致命的仪器，需要勇敢的人；而要拆除这种仪器，使它变为无害，同样需要勇敢的人：因为舰上有一个定时仪器曾经失灵。几天后，工程师们冒着风险进入还在燃烧中的军舰残骸时，发现了这个定时仪器依然挂在那儿；于是，他们冒着极大的危险立即将其拆除了。当兰斯多夫登上最后一艘汽艇离开停泊在普拉塔河上的"斯比伯爵"号袖珍战列舰之后，它就不再是一艘军舰，而是一个巨大的火葬堆了。

在这场海战中，德国人本来以其运气和勇敢可以取得的胜利，却最终变成了奇耻大辱的失败。由于德国宣传机器对这一事件做了戏剧性的歪曲和夸张的宣传，不仅在当时，而且直到现在，世界上大多数人对这个事件的前因后果、责任和过失以及一系列的事实真相都还模糊不清。

希特勒的政治大棒一挥，竟断送了他的一个忠实信徒，使一艘威武的战舰落得个可悲、可叹而又不光彩的结局。这是希特勒对德国海军将领们煞费苦心建立起来的德国海军传统的一个致命打击，从而破坏了他们对他的笃信。政治家可以把军舰视为一种达到既定目的的工具，然而，对于操纵和指挥军舰的人来说，军舰并不是政治工具。如果军舰一旦成了政治家的工具，它就不可能行动自如，长久地傲然航行在茫茫的海洋上。

所以，当"斯比伯爵"号袖珍战列舰开出去不是为了战斗，而是要去自行凿沉的时候；当兰斯多夫在布宜诺斯艾利斯海军兵营里检阅他的部下，并做简短的讲话的时候；当他重申要安排好他们的福利，并感谢他们的忠诚和友谊的时候；当他在自尽的那天晚上设宴款待他的军官，谈笑风生地为最后胜利开怀畅饮的时候；当他酒宴结束时向他的部属告别的时候；当他把纳粹党旗扔在一边，在把子弹射进头颅之前从容地裹上德国海军军旗的时候；其中的奥秘已是昭然若揭，无须德国海军再做进一步地解释了。

兰斯多夫的遗体最终被运回柏林，成千上万的柏林市民参加了他的葬礼。同时，他高尚的骑士风度也受到了敌人的尊重。

哈伍德因此战功，以后官运亨通，官至地中海舰队司令，最终因健康欠佳，于 1945 年 11 月退役。

普拉塔河口的海战中，英国官兵受各式奖章者达数 10 人之多，而 3 艘巡洋舰之舰长中，除了最拼命的"埃克塞特"号舰长贝尔官运较差外，其余两人都荣升将军之位。

有些"斯比伯爵"号袖珍战列舰的官兵成功逃出阿根廷，并最终回到德国。这些经验丰富的官兵，大部分被分配到新战列舰——

柏林市民参加兰斯多夫的葬礼

"俾斯麦" 号战列舰上任职。

1000 多名 "斯比伯爵" 号袖珍战列舰官兵住进当地德国侨民家中，并形成了小规模的德国人聚居区。

"埃克塞特" 号重巡洋舰由于受创太重，曾有人建议将其就地拆除，但丘吉尔坚持他的 "英雄舰" 必须安全回国修理，之后继续服役。在极其严密的护航之下，该舰得以顺利返国，并受到了英国居民的热烈欢迎。丘吉尔也亲临现场，站在那支离破碎的甲板上，向他的官兵致敬。"埃克塞特" 号重巡洋舰经过近一年的修复，最终被派遣至英国远东舰队，它于 1942 年 3 月 1 日的爪哇岛海战中，被日军重型巡洋舰及驱逐舰击沉。

德国海军元帅雷德尔收到了兰斯多夫绝命身亡的电报，"斯比伯爵"号袖珍战列舰不经一战就自行炸沉的消息如同一记闷棍，将他当头击晕。他瘫倒在沙发上，久久不能自拔。兰斯多夫为德国海军丢尽了面子，挨希特勒一顿臭骂是不可避免的了，还有空军头目戈林的刻薄嘲笑。但是，他不能像窝囊废似的咽下这枚苦果。

丢一艘袭击舰算不了什么，自己手头还有相当实力，完全可以大干一番，还对手一些颜色。他让副官通知助手们到总司令部开会，研讨对策。经反复讨论，多数意见是，德国海军不能等待，必

"俾斯麦"号战列舰

须立即行动，夺取挪威，以拿到进入大西洋的入场券。德军一旦占领挪威，海军全盘皆活。"沙恩霍斯特"号战列巡洋舰、"格奈森诺"号战列巡洋舰，"欧根亲王"号重巡洋舰，还有即将建成服役的"俾斯麦"号超级战列舰、"提尔皮茨"号超级战列舰，就有了隐蔽的前进基地，潜艇的续航时间也会大大提高。届时，这些杀手一起出动，就足可以兴风作浪，将大西洋闹个天翻地覆。

雷德尔决意去见希特勒，即使被骂得狗血淋头，也要据理力争，陈述海军的主张。希特勒早有入侵挪威的野心，这一点路人皆知。他想，自己眼下要干的，只不过是瞅准机会，火上浇油，催促希特勒尽快下手。

★兰斯多夫的遗言

兰斯多夫给德国驻阿根廷大使写了一封信，信中写道：

从我炸毁"斯比伯爵"号袖珍战列舰那时候起，我就决心随我的袖珍战列舰而殉职了，我的水手们都很安全……

我现在，只能以自己的生命来证明，德意志第三帝国的战斗人员是准备为国旗的荣誉而牺牲的。凿沉"斯比伯爵"号袖珍战列舰的行动，应该由我一个人负责……同时，我很乐意献出自己的生命，来洗刷任何可能玷污我们国旗的耻辱。我对我的国家、我的元首以及未来的事业，抱着坚定的信念，我将以这样的心情，面对我的命运……

 ## 4. 新一轮战争

"阿尔特马克"号补给舰是"斯比伯爵"号袖珍战列舰的补给舰。在拉普拉塔河口海战的时候，这艘补给舰就很机灵地躲了起来。它隐匿在南大西洋，等待着与母舰会合。但是，12月17日传来的消息，让人沮丧："斯比伯爵"号袖珍战列舰被迫自沉，"阿尔特马克"号补给舰顿时成了没有母亲的孤儿。

而"斯比伯爵"号袖珍战列舰自沉前的最后一封密码电报，就是命令"阿尔特马克"号补给舰返航回国。

这可是个大难题，像"阿尔特马克"号补给舰这样一艘没有武装的德国船，不说碰上英国军舰，就是那些安装了反潜艇炮的英国商船，都能把它俘获。

更为关键的是"阿尔特马克"号补给舰上装载有300多名英国俘虏，英国人是无论如何都不会放过它的。这些俘虏都被禁闭在舱内或锁在储藏室里，实在放不下的，就被丢进了空油槽里。

"阿尔特马克"号补给舰的船长很有心计。他首先在南大西洋某个最偏僻的海域静待了两个月，当他认为进行搜捕的英国军舰都撤走了，才小心翼翼地沿着南美洲海岸向北行驶，并一直保持无线电静默。在这段时间里，别说英国人找不到它，就连德国海军部也

得不到"阿尔特马克"号补给舰的任何消息。

心情焦虑的德国海军部在苦苦等待了两个月后，一致认定"阿尔特马克"号补给舰应该是在风暴中遇难了。事实上，该舰已经悄悄地沿着北美洲海岸转向冰岛，进入了挪威领海。"阿尔特马克"号补给舰船长亨李奇·道打开无线电，兴奋地向德国海军部发报：已进入挪威领海，数天之内就能回国。这天是 1940 年 2 月 10 日。

德国人有恃无恐，是有原因的。因为按照《海牙公约》规定：非军用船只有权经过中立国水域，并接受中立国的庇护。"阿尔特马克"号补给舰作为一艘升着德国商船旗帜的辅助舰，可以得到中立法的保护。现在，它只需要沿着挪威海域一路行驶，不需要进入公海，就能回国了。

2 月 14 日，一架英国的水上侦察机发现了"阿尔特马克"号补给舰，并盘旋多时。德国船员对此并不担心：发现了又能怎么样，我们现在是在中立国海域。

就在前一天，他们已经获得了挪威海关的通行证；几名挪威海军士兵登上了"阿尔特马克"号补给舰，对该船进行了例行检查。他们马马虎虎地巡视了一遍，就签发了通行证。其实"阿尔特马克"号补给舰如此小船，挪威人再马虎，也不可能查不到多达 300 名的英国俘虏。他们放行的原因无非是两种：这些挪威人是亲德的；收了德国人的贿赂。

"阿尔特马克"号补给舰

　　获准通行的德国人，无疑是高兴得太早了。2月16日，一支英国驱逐舰队在侦察机的指引之下，找到了这艘德国船。它们沿着挪威领海与"阿尔特马克"号补给舰并驾而行，并发出信号要求"阿尔特马克"号补给舰立即停船，接受检查。

　　德国人知道事情不妙，慌不择路地逃入约星峡湾，并发出电报，要求挪威海军前来支援。约星峡湾是一条大约1.5海里长的狭窄海湾，四周环峙着高峻的积雪山岩。在德国人逃进海湾后不久，两艘英国驱逐舰则向它围拢，准备强行登船。

　　德国人太天真了，既然英国军舰胆敢进入中立国海域，还怕不会进入峡湾登船检查？现在倒好，躲进死胡同了。

　　挪威人的反应倒是挺快，闻讯赶来的挪威海军对英国人侵犯其领海的行为表示了强烈的抗议。两艘挪威鱼雷艇，更是横停在海湾口，阻止英国军舰的行动。这些北欧人说谎话不脸红，他们胸脯拍得震天响，向英国人保证说："德国船上绝对没有英国俘虏，我们都检查两遍了。"

　　既然挪威人这样说了，英国人也不再固执下去。就在他们打算撤退的时候，却收到了丘吉尔亲自发来的电报。

　　丘吉尔命令：除非挪威的鱼雷艇负责护送"阿尔特马克"号补给舰前往挪威的卑尔根，舰上有英国和挪威双方卫队驻守，并由双方共同护航；否则，应该派兵登上"阿尔特马克"号补给舰，释放俘虏，并将该舰占领，听候进一步的训令，再行发落。假使挪威鱼雷艇进行干涉，你们便应警告该艇离开。假使该鱼雷艇向你们开火，非到进攻形势严重时，不得还击。如果形势严重，必须自卫，则所用的火力，切勿超过必需的程度；如果对方停止炮火，我方也应停止。

英国指挥官严格执行了丘吉尔的命令，当天夜里，英国人把军舰上的探照灯全部打开，直射挪威鱼雷艇，并强行越过挪威舰艇的封锁线。

就在英国军舰将要接近"阿尔特马克"号补给舰的时候，德国船员做出了一个惊人之举——他们开足马力，全速向英国军舰驶来，企图撞击英国巡洋舰。但结果让人尴尬——他们撞上了浮冰，自己反而搁浅了。

在两舰艇相靠以后，德国人仍试图阻止英国检查人员登船。他们手拿棍棒和菜刀，围在甲板上，夹杂着口齿不清的英语进行咒骂。

英国人没啰唆，直接开枪了，一阵枪响过后，当场打死4人。德国船员怎么也没有料到，英国人居然敢开枪，有些吓傻的水手竟扑通扑通地朝海里跳。幸亏有挪威军舰在旁，实施营救，不然非被冻死不可。挪威海军也没办法，自己是鱼雷艇，掂量了一下，斗不过英国巡洋舰，也只能默然旁观。

就这样，英国军舰救走了299名俘虏，并在挪威军舰的怒视之下，扬长而去。事后，挪威政府当然是表达了"强烈的抗议"；德国报纸更是跳脚直骂，说丘吉尔的行为是"海盗"。

德国海军参谋部在日志末尾写道："从英国海军部的命令及英国海军的行动步骤上，无疑可以看出，英国对'阿尔特马克'号补给舰的军事行动是精心策划的，或者说为解救船上的俘虏，必要时不惜侵犯挪威水域。"

如果从前希特勒还没认清，现在他是认清了，在办公室里，他用手指关节叩击着地图，坚定地对雷德尔说道："我们一定要拿下挪威，挪威的抗议简直软弱无力！"如果德国再不采取必要的行动，等到英国登上挪威领土，一切都晚了。

这个时候，后勤部的首脑们，也合时宜地拿出一份报告，是关于瑞典铁矿石的重要性。他们对希特勒说，德国工业每年消耗铁矿石的数量高达1500万吨，而其中1100万吨需要依靠从瑞典的进口。这些后勤部门的专家声称，假如英国控制了北欧诸国，那么五个月后，德国的军工产业将濒临崩溃，别说生产坦克，就是螺丝钉也造不出来！

这绝对不是危言耸听。因为，丘吉尔也看到了这一点，他精准地看出了德国工业最薄弱的一环，就是对瑞典铁矿石的依赖。而瑞典的铁矿石在很大程度上，恰恰需要挪威西海岸的港口进行运输，并通过挪威领海运抵德国。因此，英国必须控制挪威。

遗憾的是，波兰被德国占领后，北方的丹麦、挪威和瑞典噤若寒蝉。尤其是丹麦和挪威紧邻德国，首当其冲，自身的兵力却非常有限。丹麦仅有 5 个小编制的师和 1 支很小的舰队；挪威有 6 个师，总计 15500 人，另有 4 艘岸防舰、30 艘小型驱逐舰、9 艘小型潜艇、11 艘布雷舰和 190 架旧式飞机。

挪威地处北欧斯堪的纳维亚半岛的西北部，东邻瑞典，东北与芬兰和苏联接壤，西濒挪威海，海岸线长 1.13 万海里，多天然良港，战略地位十分重要。由于德国没有直接进入大西洋的出口，只有经北海绕过英国本土才能进入大西洋。但强大的英国皇家海军一直是德国海军的一块心病。第一次世界大战期间，英国曾利用海军优势，从设得兰群岛到挪威海岸，横跨狭窄的北海，布置了一道严密的封锁网，使德国舰队困在本土港内无所作为。第二次世界大战爆发后，德国海军鉴于历史经验和地理事实，认为要对付占优势的英国海军，德国必须设法在挪威获得基地，这样才能突破英国在北海的封锁线，畅通无阻地进入大西洋。而北欧的铁矿石供应线几乎可以说是德国战争机器的生命线；如果断绝了北欧的铁矿石供应，德国的军火工业就会成为无米之炊。

因此，德国和英法都在准备发动北欧军事行动，都希望抢先控制斯堪的纳维亚半岛。英法盟国最高军事会议决定派遣远征军到挪威领海布雷。同时，英国外交部长向挪威大使和瑞典大使宣布了盟国将禁止铁矿石运往德国。法国总理也主张尽快进兵挪威，以便牵制西线德军。

而德国的身手更加敏捷。1940 年 3 月 1 日，希特勒就签署了入

入侵丹麦的德国陆军

侵丹麦和挪威的作战计划，代号为"威悉河演习"。随后，德国海军总司令部迅速为"威悉河演习"组成了6个战斗群，调动水面舰艇部队及8850名士兵，准备兵分6路，全面进攻挪威的纳尔维克、特隆赫姆、博尔根、克里斯蒂、阿伦达尔和奥斯陆几大港口。而入侵丹麦则计划主要由德国空军实施，地面上派遣2个装甲师，越过边境后向丹麦北部突进，同时派出小队空降兵在丹麦列岛占领桥梁和交通要道，再配合密集的空中轰炸，恐吓丹麦政府和人民。

4月9日凌晨4点15分，德军不宣而战，派遣两个装甲师侵入丹麦边境，摩托化步兵在空军的配合下长驱直进，同时在日德兰半岛各战略据点和丹麦首都哥本哈根投下伞兵，一眨眼的工夫就顺顺当当地占领了丹麦领土。凌晨4点20分，德国公使造访丹麦外交大臣，递交了一份要求丹麦投降的备忘录。5点，丹麦国王召开御前特别会议，6点钟做出向德军投降的决定，号召人民"不要做任何抵抗"。清晨8点，惊恐万状的丹麦人在无线电广播中听到一个德国军官宣读一份希特勒的呼吁书：德国保证丹麦领土的完整，而丹麦的经济将完全同德国连成一体，进行"友好合作"。当晚，丹麦议会一致赞成政府的投降决定。

德军对丹麦的入侵在4个小时之内全部结束，只在个别地方发生了偶然的军事冲突，德军战死2人，10人受伤。

在入侵丹麦的同一天，4月9日凌晨4点30分，德国公使向挪威政府递交了最后通牒，令其立即投降。5点50分，德军在挪威沿岸的各主要港口实施登陆，同时出动800架作战飞机和250架运输机，从空中压向挪威。挪威军队还没充分动员，仓促抵抗。

英国出动大批轰炸机协助挪威，炸沉10艘德国驱逐舰。后来，英法联军在挪威北部登陆，与德国在挪威的纳尔维克展开拉锯战。5月10日，德军在西线发起大规模攻势，大肆踏入法国。英法自顾不暇，从挪威撤出了自己的全部军队，挪威国王和政府也流亡伦敦。

战火肆虐，德国与英法的纠缠仍没完，新一轮的海战，将以更残酷的画面开启。

★挪威战役

挪威战役可谓是德国的复仇战。德空军损失 127 架飞机，西方盟军损失 112 架飞机。英国皇家海军被击沉 1 艘航空母舰、2 艘巡洋舰、7 艘驱逐舰、4 艘潜艇，法国和波兰被击沉雷击舰和潜艇各 1 艘。德国海军损失 3 艘巡洋舰、10 艘驱逐舰、4 艘潜艇、10 余艘小型船只。

凭借挪威战役，德国保住了至关重要的铁矿石运输线，巩固了德国北侧的防御，还获得了众多的重要战略据点。德军占领挪威、兵临瑞典边界，使中立的瑞典在外交上全面倒向德国。